2

Découvertes

Das Trainingsbuch

Série jaune
Série bleue

von
Wolfgang Fischer
Anne-Marie Le Plouhinec

Ernst Klett Verlag
Stuttgart · Leipzig

Découvertes Band 2
Série jaune/Série bleue

Das Trainingsbuch

Bildquellennachweis

Prisca Martaguet, **15.1;** Bétotè, Bill Akwa, Bagnolet, **29.3, 37.1, 37.2;** BigStockPhoto.com (Fotosmurf01), Davis, CA, **37.3;** Compas Media, Bremen, **74.3, 74.5 74.6;** Corbis RF, Düsseldorf, **12.1;** ddp images GmbH (LEROUX-TV/SIPA), Hamburg, **98.1;** Fotolia.com (Claude Coquilleau), **87.1;** (Gina Sanders), **94.1;** (lanych), **42.2;** (Ludovic L'HENORET), **87.2;** (Maceo), **57.1;** (Michael Nivelet), **66.1;** (pressmaster), New York, **42.1;** Getty Images RF (Stockbyte), München, **48.1;** Ingram Publishing, London, **60.1, 74.1, 74.2, 74.4, 130.2, 130.3;** iStockphoto (Ernst Fretz), Calgary, Alberta, **65.1;** Klett-Archiv (MARCO POLO, Paris (F. Bouillot/Naudin)), **79.1, 83.1, 87.3, 88.1, 89.1;** (Patrick Dembski), **29.1, 29.2;** (Prisca Martaguet), **68.1;** (Stefan Zörlein), Stuttgart, **48.2, 48.3;** MEV Verlag GmbH, Augsburg, **130.1;** shutterstock (Alexander Raths), **18.1, 18.2;** (Praha), **116.1;** (Stanislav Tiplyashin), New York, NY, **94.2;** Thinkstock (iStockphoto), München, **111.1;** Ullstein Bild GmbH (Public Address), Berlin, **96.1;** La Cub - GTM SO TP GC - GTM Sud - VINCI Construction Grands Projets - Cimola. - EGIS/JMI - LAVIGNE & CHERON Architectes - Michel VIRLOGEUX - Hardesty & Hanover, Rueil-Malmaison Cedex, **U1.1**

Sollte es in einem Einzelfall nicht gelungen sein, den korrekten Rechteinhaber ausfindig zu machen, so werden berechtigte Ansprüche selbstverständlich im Rahmen der üblichen Regelungen abgegolten.

1. Auflage 1 8 7 6 5 4 | 2021 20 19 18 17

Alle Drucke dieser Auflage sind unverändert und können im Unterricht nebeneinander verwendet werden. Die letzte Zahl bezeichnet das Jahr des Druckes.

Autor und Autorin: Wolfgang Fischer, Sindelfingen;
Anne-Marie Le Plouhinec, Sindelfingen

Redaktion: Audrey Sgorlon
Herstellung: Sven Thamphald

Gestaltung: Satzteam 7, Bondorf
Illustrationen: François Davot, Troyes; Katja Rau, Fellbach
Druck: AZ Druck und Datentechnik GmbH, Kempten

Printed in Germany
ISBN 978-3-12-622221-1

9 783126 222211

Inhalt

Unité 4 Fou de cuisine!

Plattform 2

Unité 5 Une semaine à Arcachon

Unité 6 Notre journal

Unité 7 On peut toujours rêver!

Plattform 3

NUR FÜR DECOUVERTES SERIE BLEUE

Unité 8 C'était chouette!

So arbeitest du mit dem Trainingsbuch

Wenn du gründlich und umfassend trainieren willst:

- Sobald eine *Unité* oder einzelne Themen in der Klasse behandelt worden sind, arbeite alle Aufgaben nacheinander ab.

Wenn du *à la carte* arbeiten willst:

- Suche im Inhaltsverzeichnis nach dem betreffenden Thema, das du trainieren möchtest.

Hinweise zu den *Unités*

Grammatik

Hier findest du klare und komprimierte Darstellungen aller wichtigen Regeln, abwechslungsreiche Übungen sowie praktische Tipps.

Wortschatz

Mit spielerischen und textorientierten Aufgaben kannst du deinen Wortschatz absichern und vertiefen.

Hörverstehen

Zu jeder *Unité* werden dir 3 Übungstypen angeboten.

Hör-(Seh-)verstehen	Hier sollst du nicht alles, sondern nur das Wesentliche oder aber Einzelinformationen verstehen.
Hören und nachsprechen	Diese Aufgaben helfen dir, deine Aussprache zu verbessern.
Hören und schreiben	In diesem Abschnitt geht es mehr ums Detail und um die Orthografie.

Leseverstehen

In dieser Rubrik kannst du deine Kompetenzen an wirklichkeitsnahen Texten beweisen, bei denen du nicht alles, sondern das Wichtigste oder einzelne konkrete Informationen verstehen sollst.

Hinweise zu den Plattformen

Rückblick

Die wichtigsten Kapitel zu Grammatik und Wortschatz werden nochmals aufgegriffen. Stellst du noch Lücken fest, dann solltest du dir die entsprechenden Themen erneut vornehmen.

Einblick

Einige Besonderheiten werden genauer erklärt und in größeren Zusammenhängen dargeboten.

Ausblick

In diesem Teil findest du Schreib- sowie Sprachmittlungsaufgaben.

Hinweise zum Lösungsteil

Hier findest du:
- alle Lösungen oder Lösungsvorschläge,
- eine Übersetzung aller Leseverstehenstexte ins Deutsche,
- die vollständige Transkription aller Audioübungen, falls diese nicht direkt im Übungsteil vorhanden ist.

Symbole

Hör-(Seh-)verstehen

Wiederholung

C'est la rentrée!

Das Verb *savoir*

1 Vervollständige die Kästchen mit Personalpronomen und den dazugehörigen Formen von **savoir**. Wenn du alles richtig gemacht hast, findest du in der dick umrandeten Spalte das Lösungswort.

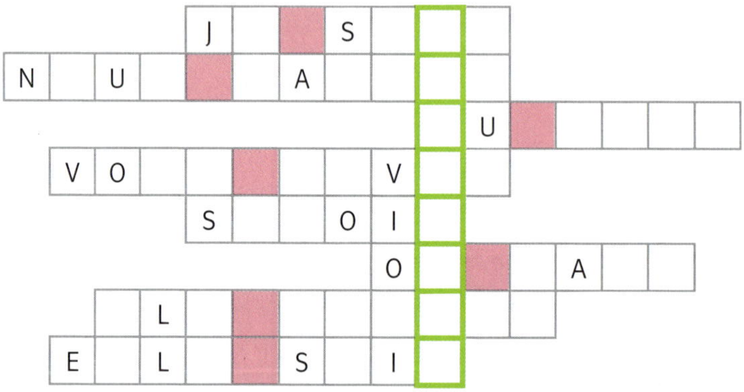

! Der Infinitiv und die Pluralformen haben den Stamm **sav-**.

2 Was gehört zusammen? Verbinde die Satzteile aus der linken Spalte mit den Elementen aus der rechten Spalte zu sinnvollen Sätzen.

1. S'il vous plaît, madame, vous
2. Mehdi et Alex
3. Tu cherches Léo? Nous

a. savent faire du roller.
b. savons où il est.
c. savez où est la poste?

! Beachte bei der Aussprache:
nous savons [nusavɔ̃] nous avons [nuzavɔ̃]
vous savez [vusave] vous avez [vuzave]

Das Verb *connaître*

Achte in der 3. Person Singular auf den **accent circonflexe (^)** vor dem **-t**.
Achte auf den Stamm der Pluralformen.

je connais	nous connai**ss**ons
tu connais	vous connai**ss**ez
il/elle/on connaît	ils/elles connai**ss**ent

3 Bilde Sätze, indem du die angegebenen Elemente in die richtige Reihenfolge bringst. Setze dabei das Verb **connaître** in die korrekte Form.

1. Léo | dans | **connaître** | super | le quartier. | un restaurant

   ____

2. Les professeurs | leurs | ne | **connaître** | élèves. | pas

   ____

3. pas | Nous | notre | **connaître** | ne | emploi du temps.

   ____

Savoir oder *connaître*?

4 Ergänze die folgenden Sätze durch die korrekte Verbform.
Achte dabei auf den Zusammenhang.

1. – Vous ______________ où est le cours de français?
   – Oui, dans la salle 18. Tu ______________ où c'est?
   – Non, je ne ______________ pas bien le collège.
2. – Pardon, madame, est-ce que vous ______________ la rue Truffaut?
   – Oui! Je ______________ où c'est. Je ______________ bien la ville.

Der Fragebegleiter *quel*

	Singular	Plural
Maskulin	Tu as **quel prof?** *Welchen Lehrer hast du?*	Il connaît **quels chanteurs?** *Welche Sänger kennt er?*
Feminin	Vous êtes dans **quelle classe?** *In welcher Klasse seid ihr?*	Ils aiment **quelles couleurs?** *Welche Farben mögen sie?*

Der Fragebegleiter **quel** richtet sich in **Genus** und **Numerus** nach dem Nomen, auf das er sich bezieht.

5 Persönlichkeitstest! Vervollständige die Fragen mit **quel**, **quelle**, **quels**, **quelles**. Unterstreiche dann die Antworten, die für dich am ehesten passen.

1. Tu aimes ____________ films?

   ▲ Les reportages. ■ Les films de karaté.

2. ____________ cours est-ce que tu n'aimes pas?

   ▲ Je ne sais pas, moi. J'aime bien l'école.

   ■ Oh là là … le français, les maths, l'histoire … l'école, c'est trop nul!

3. Tu sais toujours à ____________ heure tu as cours?

   ▲ Oui, bien sûr. ■ Non, j'oublie toujours et j'arrive en retard.

4. Tu fais ____________ activités le soir?

   ▲ Je fais du sport … et mes devoirs, bien sûr.

   ■ Je regarde la télé.

5. Tu aimes ____________ jours de la semaine?

   ▲ Le mardi et le vendredi, on a cours d'anglais.

   ■ Le samedi et le dimanche, on n'a pas cours!

Werte nun deine Antworten aus. Überwiegen die ▲, dann läuft es ja ganz gut bei dir. Hast du mehr ■, solltest du dich etwas mehr für die Schule interessieren.

6

Bei einem Schüleraustausch trifft Jakob den Franzosen Julien. Juliens Antworten sind vorgegeben. Schreibe die dazu passenden Fragen.

1. – En Allemagne, ________________________________ villes?

   – Je connais Cologne et Stuttgart.

2. – ________________________________ activités?

   – Je fais du judo et de la natation.

3. – ________________________________ classe?

   – Je suis en sixième.

7

Mit dem Fragebegleiter **quel** kann man auf Französisch viele verschiedene Fragen bilden, die man auf Deutsch allerdings anders formulieren würde. Übersetze diese gängigen Fragen ins Deutsche.

1. Quelle heure est-il?

____

2. Tu as quel âge?

____

3. Tu es né en quelle année?

____

4. Quel temps fait-il?

____

Die Relativpronomen *qui, que, où*

Die Relativpronomen sind **unveränderlich**.

Beide Pronomen **qui** und **que** können für Personen oder Sachen stehen.

Qui ist immer Subjekt des Relativsatzes. (Frage: wer oder was?)

Mehdi est un garçon **qui** fait beaucoup de sport. … *ein Junge, **der** viel Sport treibt.*

Que ist direktes Objekt des Relativsatzes. (Frage: wen oder was?)
(**Que** wird zu **qu'** vor Vokal oder stummem **h**.)

C'est un prof **que** Marie n'aime pas. … *ein Lehrer, **den** Marie nicht mag.*
Léo est un garçon **qu'**Alex trouve sympa. … *ein Junge, **den** Alex nett findet.*

Où bezieht sich auf eine Ortsangabe. (Frage: wo, wohin?)
Julien cherche la salle **où** il a cours. … ***in dem/wo** er Unterricht hat.*

8 Ergänze die Postkarte mit **qui**, **que/qu'** oder **où**.

Chère Mamie,

Paris est une ville ________ il y a beaucoup de monuments intéressants.

Paris est une ville ________ est fantastique!

Paris est une ville ________ on trouve super!

Paris est une ville ________ j'adore!

Bisous,

Sophie

! Nach **que** bzw. **qu'** folgt immer ein eigenständiges Subjekt.
Marie, c'est la fille que **j**'aime.

9 Ergänze die folgenden Definitionen mit **qui**, **que/qu'** oder **où** und trage die gesuchten Begriffe in die Kästchen ein. Die dick eingekreisten Buchstaben verraten dir das Lösungswort.

1. C'est une personne qui donne des cours. → un P R O F E S S E U R
2. C'est une fille _____ Marie aime bien. → _ _ _ _
3. C'est la salle _____ les élèves mangent. → la _ _ _ _ _ _ _
4. C'est une femme _____ joue dans des films. → une _ _ _ _ _ _ _ _
5. C'est la ville _____ Léo habite. → _ _ _ _ _
6. C'est un enfant _____ va à l'école. → un _ _ _ _ _
7. C'est quelque chose _____ on met sur la tête. → un _ _ _ _ _ _ _ _

C'est la _ _ _ _ _ _ _ !

10 Verbinde die Sätze mit den Relativpronomen **qui**, **que/qu'** oder **où**.

1. Julien est un garçon. *Il* a l'air timide.

____

2. Les élèves arrivent dans la salle 18. Ils ont cours *ici*.

____

3. Un anorak, c'est un vêtement. On met *ça* quand il fait froid.

____

4. Dans ma classe, il y a deux nouveaux. *Ils* sont de Lyon.

____

Der Demonstrativbegleiter *ce*

Die Demonstrativbegleiter richten sich in Genus und Numerus nach dem Nomen, auf das sie sich beziehen.

	Regardez …
Singular	
Maskulin	**ce chien.**
Maskulin vor Vokal oder stummem **h**	**cet acteur / cet homme.**
Feminin	**cette femme / cette orange.**
Plural	
Maskulin + Feminin	**ces chiens / ces acteurs.**
	ces femmes / ces oranges.

Präge dir ein:
ce matin ***heute*** *Morgen* | **ce** soir ***heute*** *Abend* |
cet après-midi ***heute*** *Nachmittag*

11 Léo und sein Vater sind auf dem Flohmarkt. Ergänze die Sätze des Verkäufers mit dem passenden Demonstrativbegleiter.

1. __________ stylo est pratique.
2. __________ avion n'est pas cher.
3. Regardez __________ livres!
4. __________ histoire est fantastique.
5. Vous voulez acheter __________ choses?
6. Il s'appelle Malabar? J'adore __________ chien!
7. __________ année, j'ai beaucoup de clients.

Zum Thema Schule

12

Buchstabensalat! Bilde aus den eingeklammerten Buchstaben sinnvolle Wörter, um die Sätze zu ergänzen.

1. Aujourd'hui, c'est la **(éterner)** ____________________.
   Les **(sèvéle)** ____________________ cherchent leur nom sur les **(tissel)** ____________________.

2. Mehdi est en **(miquènice)** ____________________ B.
   Dans sa **(salsec)** ____________________, il y a un **(avounue)** ____________________ et une **(velonule)** ____________________.

3. Ma sœur est en **(mitosière)** ____________________ au **(glocèle)** ____________________ Balzac.
   Elle **(varillate)** ____________________ bien et elle a des bons **(trulastés)** ____________________.

4. Une **(letobute)** ____________________ de **(prepia)** ____________________ tombe sur la table de Léo. Il lit: «A 11 heures, on n'a pas **(sucro)** ____________________ d'anglais. On retrouve Marie dans la **(ocru)** ____________________, d'accord?»

Über Gefühle sprechen

13 Vervollständige die Sätze. Im Buchstabengitter findest du die fehlenden Wörter.

B	L	A	G	U	E	D
Ê	E	M	R	O	F	R
T	R	I	S	T	E	Ô
E	D	I	M	I	T	L
	C	O	L	È	R	E

1. Je vais bien, je suis en ____________________.
2. Il ne parle pas beaucoup, le nouveau. Il est ____________________, ou quoi?
3. Ah, c'est une ____________________?
   Eh bien, elle n'est pas ____________________!
4. Zut, zut et zut! Je suis en ____________________.
5. Tu n'es pas dans la classe de Marie? Zut!
   Ça, c'est ____________________.
6. Tu as un problème, Léo? Tu as l'air ____________________.

Was sagt man?

14 Kreuze die passende Möglichkeit an, um die Sätze zu ergänzen.

1. ______________, tu peux répéter, s'il te plaît?
   ☐ Elle est en colère | ☐ Je n'ai pas compris | ☐ Vous comprenez
2. Ma sœur prend toujours mes affaires, ______________!
   ☐ je vais bien | ☐ ça m'énerve | ☐ il a l'air triste
3. Aller au cinéma ce soir? Non, il y a une interro demain, ______________!
   ☐ je ne trouve pas le mot | ☐ ce n'est pas possible |
   ☐ je suis en forme

Eine Person beschreiben

15 Setze die folgenden Wörter in die Lücken ein. Gleiche dabei, wenn nötig, die Adjektive an oder setze die Verben in die richtige Form.

1.

marron | avoir l'air | homme | bleu | ressembler | grand | brun

Moi, comme prof, j'ai un ________________ de 30 ou 35 ans qui a les cheveux ________________ . Il est ________________ .
Il porte une chemise ________________ et une veste ________________ .
Il ________________ sympa, je trouve. Il ________________ à mon père!

2.

yeux | sympa | femme | à | star | roux | joli

Nous, dans notre classe, on a une ________________ .
Elle a les ________________ bleus et les cheveux ________________ .
Elle a l'air ________________ . Elle est très ________________ ,
elle ressemble ________________ une ________________
de cinéma.

Wie arbeitet man mit Hörtexten?

Wenn du nur wenig verstehst, mach dir keine Sorgen! Übung macht den Meister. Also zögere nicht, die Hörtexte so oft wie nötig anzuhören oder immer wieder Pausen zu machen.

Kommen dir die Texte eher leicht vor? Dann gehe anders vor: Versuche zum Beispiel die Texte ganz aufzuschreiben, wie bei einem Diktat!

Hören, sehen und verstehen

16 Julie zeigt ihren Eltern Fotos von ihren neuen Schulfreunden. Jetzt wird es spannend! Höre dir die drei Texte an.

1

a Finde heraus, welche Figur jeweils beschrieben wird. Trage die Nummer des Textes ein.

b Am Ende bleiben zwei Personen übrig ... Wenn du willst, kannst du versuchen, diese selbst mündlich zu beschreiben.

☐ a ☐ b ☐ c ☐ d ☐ e

Hören und nachsprechen

17 2

Manchmal kommt es auf Kleinigkeiten an, höre also genau zu. Kreuze danach den Satz an, der dem Gesprochenen entspricht. Sieh in den Lösungen nach, ob du richtig liegst, und sprich erst dann den Satz nach.

1. ☐ Nous avons fait ces exercices.
   ☐ Nous savons faire ces exercices.
2. ☐ Ils connaissent cette actrice.
   ☐ Il connaît cette actrice.
3. ☐ C'est une fille qui t'aime beaucoup.
   ☐ C'est une fille qu'il aime beaucoup.
4. ☐ Il a les yeux bleus.
   ☐ Il a les cheveux blonds.
5. ☐ Cet élève travaille bien.
   ☐ Ces élèves travaillent bien.

Hören und schreiben

18 3

Höre dem Gespräch zwischen Mehdi und Alex zu und ergänze die folgende unvollständige Mitschrift.

Mehdi: Regarde ____________ élève. Tu ____________ qui ____________?

Alex: Oui, je ____________ ce garçon, c'est Julien, un ____________. Il est en ____________ A, comme moi.

Mehdi: Il ____________ ____________ ____________ un peu bizarre, non?

Alex: Non, il est ____________ parce qu'il ne ____________ pas les autres élèves, mais il est sympa. Il raconte des ____________ très ____________.

Mehdi: Lui? Pas ____________!

Das Wesentliche verstehen

19 Hier siehst du einen Ausschnitt aus dem Fernsehprogramm. Bei neuen Texten ist es immer so: Viele Wörter kennt man nicht; die Grammatik kommt einem komisch vor. Das ist ganz normal. Auch wenn du nicht alles genau verstehst, kannst du die unten stehenden Fragen bestimmt beantworten.

France 2

Vendredi 22 avril
20 heures 30

☆☆☆ **Ton nom** **Comédie romantique.**

Adrien, un jeune professeur de musique, passe ses vacances dans les Alpes. Pendant une excursion, il tombe sur la tête et perd la mémoire. Il ne sait plus rien, même pas son nom. Il neige. Il a froid. Il marche droit devant lui et arrive à un village. Il rencontre Marine, une jeune femme, qui l'emmène chez elle. Il trouve un violon sur la table et commence à jouer: la seule chose qu'il connaît encore, c'est la musique. Marine est fascinée. Elle tombe amoureuse et décide de le garder chez elle pour toujours. Mais il voudrait retrouver son identité …

1. Um welche Art von Film handelt es sich?
   - ☐ Um einen Krimi. ☐ Um einen Liebesfilm.
   - ☐ Um einen Aktionsfilm.

2. Was geschieht mit Adrien, nachdem er gestürzt ist?
   - ☐ Er kann sich nicht mal mehr an seinen Namen erinnern.
   - ☐ Er kann keine Musik mehr spielen. ☐ Er kann nicht mehr gehen.

3. Was geschieht bei Marine? ☐ Er erinnert sich an alles.
   - ☐ Er erzählt ihr seine Geschichte. ☐ Er fängt an, Geige zu spielen.

4. Was möchte Marine am liebsten tun?
   - ☐ Zur Polizei gehen. ☐ Adrien zu einem Arzt bringen.
   - ☐ Adrien für immer bei sich behalten.

Unité 2

Paris mystérieux

Das Verb *voir*

Präsens	Imperativ	Passé composé
je vois		j'ai vu
tu vois	vois	
il/elle/on voit		
nous voyons	voyons	
vous voyez	voyez	
ils/elles voient		

1 Vervollständige die Sätze mit der korrekten Form des Verbs **voir**. Wenn du anschließend die eingekreisten Buchstaben zusammenfügst, erfährst du, was Vladimir zu Julien sagt.

1. Je ne __ __ __ (__) pas Julien. Il est où?
2. Où est l'escalier? Nous ne __ (__) __ __ __ __ rien.
3. Tu as __ (__) un vampire? Pas possible!
4. Tu (__) __ __ __, ce n'est pas dangereux.
5. Qu'est-ce que vous __ __ __ (__) __?
6. Dans les catacombes, les élèves __ __ __ __ (__) __ des crânes.
7. On ne __ __ __ (__) pas bien dans le noir.

Das *Passé composé* mit *avoir*

Du kannst bereits das **Passé composé** regelmäßiger Verben auf **-er** mit **avoir** bilden. Grundsätzlich gilt:

Passé composé = konjugierte **Präsensform** von **avoir** + **Participe passé** des Verbs.

J'**ai oublié** mon portable. | Ils **n'**ont **pas** rangé leur chambre. | Est-ce que tu **as appelé** papi?

Einige der dir bekannten Verben haben aber **unregelmäßige Partizipformen**, z. B.:

faire → j'ai **fait.**

2 ↩ In der folgenden Übung kannst du zeigen, dass du nichts verlernt hast. Bilde mit den einzelnen Elementen sinnvolle Sätze im **Passé composé**.

Zuerst Ja-Sätze:

1. **visiter** | les catacombes. | Nous

___

2. Le professeur | aux élèves. | **expliquer** | la leçon

___

Jetzt Nein-Sätze:

3. Je | ne … pas | **oublier** | le jus d'orange.

___

4. à l'heure du train. | Elles | ne … plus | **penser**

___

Zuletzt eine Frage:

5. vous | **faire** | vos devoirs? | Est-ce que

___

3

Beschäftigen wir uns jetzt mit weiteren unregelmäßigen Verben.

C	O	N	N	U	T
O	U	M	S	U	I
M	V	I	E	U	R
P	E	S	V	U	C
R	R	P	L	U	É
I	T	I	A	F	U
S	P	R	I	S	L

a Suche im Gitter die unregelmäßigen Formen des **Participe passé** (du kannst sie von links nach rechts, von rechts nach links, von oben nach unten und von unten nach oben lesen).

b Trage sie zum passenden Infinitiv ein.

	Infinitiv	Participe passé		Infinitiv	Participe passé
1.	connaître		7.	mettre	
2.	comprendre		8.	savoir	
3.	écrire		9.	prendre	
4.	faire		10.	voir	
5.	ouvrir		11.	avoir	
6.	pleuvoir		12.	lire	

4

Setze die **Participe-Passé**-Formen in die Lücken ein.

1. Nous avons **(connaître)** ________________ M. Müller à Cologne.
2. Tu peux répéter? Je n'ai pas **(comprendre)** ________________.
3. Où est-ce que tu as **(mettre)** ________________ mon DVD?
4. Elle a **(prendre)** ________________ le bus de 9 h 45.
5. Mehdi, Julien! Vous avez **(ouvrir)** ________________ vos cahiers?

5 Setze die konjugierten Formen der in der rechten Spalte angeführten Infinitive in die Lücken ein.

Alex:	Alors, Léo, tu ________________ faire l'interro?	savoir
Léo:	Non! J'________________ le texte, mais	lire
	je ________________ !	ne pas comprendre
Alex:	Ah, zut! Et qu'est-ce que tu ________________ ?	faire
Léo:	J'________________ mon portable, et	prendre
	j'________________ des SMS à mes copains.	écrire
Alex:	Et le prof? Tu ________________ peur?	ne pas avoir
Léo:	Le prof? Il ________________ mon portable.	ne pas voir
	J'________________ un cahier,	ouvrir
	et j'________________ mon portable sous le cahier.	mettre

! un garçon heureux | des garçons heureux
une fille heureuse | des filles heureuses

Die Adjektive auf *-eux*

6 4 Höre dir die fünf Sätze an. Kreuze an, ob das Adjektiv im Plural oder Singular, in der männlichen oder weiblichen Form verwendet wird.

	Maskulin Singular	Maskulin Plural	Feminin Singular	Feminin Plural
1. dangereux				
2. curieux				
3. mystérieux				
4. malheureux				
5. courageux				

Die Verben auf *-dre*

In dieser Lektion lernst du eine weitere Gruppe regelmäßiger Verben kennen. Sie endet im Infinitiv auf **-dre**.

Dazu gehören die Verben **attendre**, **entendre**, **répondre**, **perdre** und **descendre**.

Präsens	**Imperativ**	**Passé composé**
je répond**s**		j'ai répond**u**
tu répond**s**	répond**s**	
il/elle/on répon**d**		
nous répond**ons**	répond**ons**	
vous répond**ez**	répond**ez**	
ils/elles répond**ent**		

In allen Formen bleibt das **d** des Stamms erhalten. Im Präsens werden nur die Endungen **-ons** und **-ez** ausgesprochen.

7 Schreibe die richtigen Verbformen. Die eingekreisten Buchstaben verraten dir, was Julien denkt.

Je ne veux pas _ _ _ _ _ _ _ _ _ dans les catacombes!

1. perdre → nous avons _ _ _ _ _
2. attendre → ils _ _ _ _ _ _ _ _ _ _
3. entendre → tu _ _ _ _ _ _ _
4. descendre → nous _ _ _ _ _ _ _ _ _ _
5. entendre → j'ai _ _ _ _ _ _ _ _
6. répondre → vous _ _ _ _ _ _ _ _
7. attendre → j' _ _ _ _ _ _ _ _
8. perdre → il _ _ _ _
9. répondre → elles _ _ _ _ _ _ _ _ _

Prendre und **comprendre** enden auf **-dre**, haben aber ihr eigenes Muster. Im **Präsens Plural** und im **Passé composé** weisen sie Unterschiede auf.

nous enten**dons**	nous pren**ons**
vous enten**dez**	vous pren**ez**
ils enten**dent**	ils pre**nnent**
j'ai entend**u**	j'ai pr**is**

8

a Bringe die Sätze in den Plural Präsens.
b Setze sie ins **Passé composé**.

1. Je ne réponds pas parce que je ne comprends pas la question.

a Nous *ne répondons pas …*

parce que nous ______________________ la question.

b Nous *n'avons pas répondu …*

parce que nous ______________________ la question.

2. Marie n'attend pas Léo parce qu'elle prend le train de 13 h 20.

a Marie et Alex ______________________ Léo

parce qu'elles ______________________ le train de 13 h 20.

b Marie et Alex ______________________ Léo

parce qu'elles ______________________ le train de 13 h 20.

3. Tu comprends? Moi, je n'entends pas bien.

a Vous ______________________ ?

Nous, ______________________ bien.

b Vous ______________________ ?

Nous, ______________________ bien

______________________ .

9 Übersetze ins Französische. Achte dabei besonders auf die Verbformen.

1. – Nehmt ihr den Zug um 14 Uhr? ____________________

   – Nein, wir warten auf Marie. Wir nehmen den Zug um 15 Uhr.

   ____

2. – Mist! Ich habe mein Handy verloren.

   ____

   – Ich verstehe nicht. Du verlierst immer deine Sachen.

   ____

> **!** **Ouvrir** konjugiert man mit den Endungen der Verben auf **-er**:
>
> parler: je parl**e**
> ouvrir: j'ouvr**e**
>
> Das **Participe passé** weist aber eine Sonderform auf:
> J'ai **ouvert** la porte.

Die Verben *ouvrir* und *appeler*

10 Setze die passende Form des Verbs **ouvrir** ein.

1. Tu ____________ la fenêtre, s'il te plaît?
2. ____________ vos cahiers, s'il vous plaît.
3. Nous avons ____________ la porte.

11 Höre dir die Verbformen an und ergänze mit einem oder zwei **l**.

5

appe_____er	nous appe_____ons
j'appe_____e	vous appe_____ez
tu appe_____es	ils appe_____ent
il appe_____e	nous avons appe_____é

> **!** **(S') appeler**
> bekommt zwei l
> nach dem Laut [ɛ].

Zum Thema Katakomben

12 Bilde Wörter mit den folgenden Silben und ergänze damit die Lücken im Text. Die 3 Silben, die übrig bleiben, ergeben den Namen einer Person, die du in dieser Lektion kennengelernt hast.

BES CA COM CRÂ

CA BRE DE COU

Aujourd'hui, les élèves visitent les ______________________. DI

Ils descendent un ______________________ et arrivent dans un

souterrain où il fait ______________________. C'est un endroit très

______________________. Dans les ______________________, SOM

il y a des milliers de ______________________.

Mais Julien n'a pas envie d'écouter le ______________________. SOR

Il cherche une ______________________. Il voit une grille, mais elle est

______________________. Zut! Qu'est-ce qu'il va faire, maintenant?

Il a perdu son ______________________. LOIRS

Lösungswort: ______________________ TÉ

GROU MIR VLA TA ES TIE NES MYS PE GUI FER LIER RIEUX MÉE

Denken, meinen, fühlen

13 Jeweils eine Möglichkeit ist falsch. Kreuze die richtige Lösung an.

1. Magalie est triste. ☐ Elle a des idées noires.
   ☐ Elle a idées noires.
2. J'ai trop de devoirs. ☐ J'en ai marre.
   ☐ J'ai marre.
3. Cet exercice, je trouve ☐ qu'il est nul.
   ☐ qui est nul.

4. Et toi, ☐ est-ce que tu en penses?
   ☐ qu'est-ce que tu en penses?
5. Je trouve ça ☐ que c'est intéressant.
   ☐ intéressant.
6. Je pense ☐ c'est une bonne idée.
   ☐ que c'est une bonne idée.

7. Julien trouve ☐ que Marie est très jolie.
   ☐ Marie est très jolie.
8. Comment est-ce que ☐ tu en penses?
   ☐ tu trouves Marie?

Kommunikation und Kommunikationsmittel

14 Buchstabensalat! Bilde aus den eingeklammerten Buchstaben sinnvolle Wörter, um die Sätze zu ergänzen.

- Julien, tu n'as pas **(dennute)** ____________________ le **(héploténe)** ____________________?
- Si, papa.
- Alors, pourquoi tu ne **(dosprén)** ____________________ pas?
- Je suis à l' **(ondaturier)** ____________________.
  Je **(hectat)** ____________________ avec mes amis.

- Encore! C'est vraiment intéressant, ces **(coussindiss)** ____________________ sur **(trltenne)** ____________________?
- Mais oui. Les copains **(ntpequilex)** ____________________ leurs problèmes, et nous discutons ensemble. Bon, qui a **(pépale)** ____________________?
- C'est ta grand-mère.
- D'accord, je **(plaperel)** ____________________ dans dix minutes.

Eine Geschichte erzählen

15 Folgende Begriffe sind sehr wichtig, um die Etappen einer Geschichte zu erzählen. Trage ihre deutschen Entsprechungen ein.

d'abord ______________________

puis ______________________

à ce moment-là ______________________

tout à coup ______________________

enfin ______________________

16 Nicht einfach zu lernen, aber wichtig. Vergewissere dich zuerst, dass du die eingerahmten Wörter verstehst. Sie sind wichtig, um Geschichten zu erzählen. Schreibe sie dann in die passende Lücke.

une fois | souvent | à propos de | depuis | contre | presque | quelqu'un | sans

1. Demain, c'est mon anniversaire, j'ai ______________________ 13 ans!
2. Je vais à la piscine ______________________ par semaine, le samedi.
3. J'en ai marre! Qu'est-ce qu'ils ont ______________________ moi?
4. ______________________ mangas, tu connais la BD «Catacombes»?
5. Je n'ai pas vu Marie ______________________ jeudi.
6. Ma mère fait ______________________ des crêpes parce que j'adore ça.
7. ______________________ a oublié sa casquette dans la classe.
   Elle est à qui?
8. Mon frère part en vacances seul, ______________________ les parents.

Hören, sehen und verstehen

17 6

Alex ist im Kino. Sie will unbedingt den neusten Film sehen. Höre dir den Text aufmerksam an, wenn nötig auch mehrmals. Das Bild wird dir beim Verstehen helfen. Anschließend kannst du bestimmt die folgenden Fragen beantworten. Kreuze den jeweils richtigen Vorschlag an.

1. Wer geht ins Kino?
   - ☐ Alex und ihr Bruder.
   - ☐ Alex und Julien.
   - ☐ Jérôme und sein Bruder.

2. Mag Jérôme den Film?
   - ☐ Nein, er fürchtet sich vor Vampiren.
   - ☐ Ja, er liebt geheimnisvolle Geschichten.
   - ☐ Nein, er mag den Schauspieler nicht.

3. Was macht Alex, als sie den Vampir sieht?
   - ☐ Sie greift nach der Hand ihres Nachbarn.
   - ☐ Sie schließt die Augen.
   - ☐ Sie nimmt den Arm ihres Nachbarn.

4. Wie reagiert der Junge?
   - ☐ Er freut sich. ☐ Er ist wütend. ☐ Er versteht nicht.

Hören und nachsprechen

18 7

Lies dir zunächst die folgenden Dialoge einzeln durch. In einem zweiten Durchgang hörst du während deiner Lektüre den Musterdialog. Sprich anschließend die Sätze nach. Achte dabei auf die bei Aussagen, Fragen und Ausrufen unterschiedlichen Satzmelodien.

1.
- Regarde cette affiche! Tu as vu? On peut visiter les égouts de Paris.
- Mais ... descendre dans les égouts, ce n'est pas dangereux?
- Mais non, tu es bête! C'est très intéressant. Moi, j'ai envie de faire cette visite!

2.
- Qu'est-ce que tu as, Julien? Tu n'es pas heureux? Tu as l'air triste!
- Je suis malheureux. J'ai vu une discussion sur Internet. Il y a des élèves qui écrivent des choses sur moi. Ce n'est pas drôle, tu sais.
- Je comprends! Je déteste les gens qui ne respectent pas les autres!

Hören und schreiben

19 8

Höre dir den Text konzentriert an und ergänze folgende unvollständige Mitschrift.

Hier, nous avons ____________________ les ____________________.

C'est un endroit très ____________________ où il y a

des ____________________ de ____________________.

Moi, j'ai été ____________________, mais mon petit frère

a eu ____________________. Ce n'est pas ____________________,

mais les ____________________ sont très ____________________.

Nous, on a ____________________ un guide.

Je suis ____________________ et il a ____________________ à mes

questions. Il a ____________________ beaucoup de choses.

____________________ guide, on ne ____________________ pas tout.

Informationen entnehmen

20 Falls du ebenfalls die Katakomben besuchen willst, findest du hier folgende Hinweise. Beantworte die Fragen.

Horaires et adresse
Ouvert du mardi au dimanche de 10 heures à 17 heures.
Dernière entrée à 16 heures.
1, avenue du colonel Henri Rol-Tanguy, 75014 Paris.
Métro et RER Denfert-Rochereau.

Tarifs
Plein tarif: 8 €.
Tarif réduit: 6 € (professeurs, familles nombreuses, personnes de plus de 60 ans).
Gratuit pour les enfants de moins de 14 ans.
Groupes (10 personnes min. / 20 personnes max.) uniquement le matin.
Réservation obligatoire au 01.44.59.58.31.

Conditions de visite
Parcours de 2 km. Durée: 45 mn. Température: 14°C.
130 marches à descendre, 83 à remonter.
Audioguide: 3 € (30 mn d'écoute). En anglais, français ou espagnol.
Attention: il n'y a pas de toilettes ni de vestiaires dans les catacombes.

1. Wann kann man die Katakomben nicht besichtigen?
   - ☐ Montags um 14 Uhr.
   - ☐ Dienstags um 11 Uhr.
   - ☐ Freitags um 16 Uhr.

2. Ein Lehrer will Eintrittskarten kaufen für sich, seinen Vater (64 Jahre), seine Mutter (59 Jahre) und seinen Sohn (13 Jahre). Es kostet:
   - ☐ 24 €.
   - ☐ 20 €.
   - ☐ 30 €.

3. Der Geschichtslehrer will mit seiner Klasse in die Katakomben. Worauf muss er achten?
   - ☐ Es geht nur nachmittags.
   - ☐ Eine Reservierung ist nicht möglich.
   - ☐ Es muss eine Gruppe zwischen 10 und 20 Personen sein.

4. Jemand möchte einen Audioführer in deutscher Sprache ausleihen. Ist das möglich?
   - ☐ Ja.
   - ☐ Nein.

Die Begleiter

Begleiter sind Wörter, die nur in Verbindung mit einem **Nomen** vorkommen. In der folgenden Übersicht werden sie zusammengefasst. Gewiss erinnerst du dich noch daran: Die Begleiter stehen **vor** dem Nomen, auf das sie sich beziehen und stimmen mit diesem in **Genus** und **Numerus** überein.

Singular maskulin	Singular feminin	Plural
	Artikel	
le / l'	la / l'	les
un	une	des
	Possessivbegleiter	
mon / ton / son	ma (mon) / ta (ton) / sa (son)	mes / tes / ses
notre / votre / leur	notre / votre / leur	nos / vos / leurs
	Demonstrativbegleiter	
ce / cet	cette	ces
	Fragebegleiter	
quel	quelle	quels / quelles

1 Ergänze die Sätze mit der richtigen Form von **ce** oder **quel**.

a – Tu connais ______________ élève?

– ______________ élève?

– ______________ garçon, là-bas.

Il est dans ______________ classe?

– Ah, c'est Julien, il est en 5ᵉA.

b – ______________ interro d'allemand, ______________ catastrophe!

Je n'ai pas fait les exercices.

– ______________ exercices?

– Le numéro 2 et le numéro 3.

2 Setze die vorgegebenen Begleiter an der passenden Stelle ein.

1. **le | ce | quel | son**

- C'est ________ chien de Marie?
- ________ chien?
- ________ petit chien blanc.
- Oui, c'est ________ chien, Moustique.

2. **cette | la | quelle | sa**

- Je pense que c'est ________ femme de Paul.
- ________ femme?
- ________ femme, là-bas.
- Oui, c'est ________ femme.

3. **ses | ces | quelles | tes**

- Marie, ce sont ________ affaires, là?
- ________ affaires?
- ________ affaires.
- Non, ça, c'est à Gabriel: ce sont ________ affaires.

4. **l' | cet | quel | leur**

- Regarde: c'est ________ appartement des Girard, non?
- ________ appartement?
- ________ appartement.
- Ah oui, c'est ________ appartement.

Die Relativpronomen *qui, que, où*

3 Zur Abwechslung jetzt vier kleine Rätsel. Vervollständige die Fragen mit **qui**, **que** und **où**. Trage dann die gesuchten Antworten in die Kästchen ein. Trage schließlich die Nummer des Satzes beim dazugehörigen Bild ein.

1. C'est qui, la fille ________ Julien trouve jolie?

   → C'est ____________________ .

2. Tu connais la ville ________ Marie habite?

   → C'est ____________________ .

3. Qui est le chien ________ aime la musique, ________ fait de la gymnastique et ________ tout le monde trouve fantastique?

   → C'est ____________________ .

4. Dans le collège ________ Marie va, il y a un garçon ________ est champion de natation. C'est un garçon ________ tu connais. C'est qui?

   → C'est ____________________ .

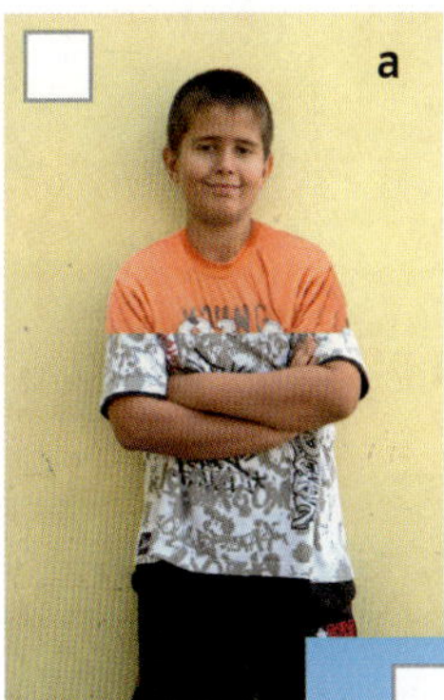
☐ a

☐ b

☐ c

☐ d

Die Verben im Präsens

4 Unregelmäßige Verben sind in der Minderzahl, doch gerade sie bereiten Schwierigkeiten. Daher führt kein Weg daran vorbei: Du musst sie dir besonders intensiv einprägen und immer wieder üben. Vervollständige die Übersicht.

Infinitiv	je/j'	tu	il/elle/on	nous	vous	ils/elles
écrire			écrit			
prendre	prends					
savoir		sais				
ouvrir					ouvrez	
mettre				mettons		
lire					lisez	
connaître		connais				
faire						
voir						voient
aller				allons		
avoir			a			
être						sont

Präsens und *Passé composé*

5 Nun wird es etwas anspruchsvoller! Zuerst geht es um die **Gegenwart** (**a**), anschließend um das **Passé composé** (**b**) der auf dem Rand vorgegebenen Verben. Orientiere dich am Beispiel und ergänze dann die lückenhaften Sätze.

Beispiel: a J'attends mon amie. b J'ai attendu mon amie.	**attendre**
1. a Léo ______________ son chien. b Léo ______________ son chien.	**appeler**
2. a Elles ______________ le texte. b Elles ______________ le texte.	**ne pas comprendre**
3. a Nous ______________ la sortie. b Nous ______________ la sortie.	**ne pas voir**
4. a Les élèves ______________ dans leur cahier. b Les élèves ______________ dans leur cahier.	**écrire**
5. a Ils ______________ faire cet exercice. b Ils ______________ faire cet exercice.	**ne pas savoir**
6. a Nous ______________ la visite à 15 heures. b Nous ______________ la visite à 15 heures.	**commencer**
7. a Vous ______________ vos devoirs? b Vous ______________ vos devoirs?	**faire**

Räumliche und zeitliche Orientierung

6 Verwende die unten stehenden Wörter, um die Texte sinnvoll zu ergänzen.

quand | là-bas | depuis | enfin | à côté | derrière | tout à coup | fois | souvent

1. – Regardez, le bus arrive.
   – ______________ ! On attend ______________ 20 minutes.
2. – Tu fais ______________ du sport?
   – Oui, je vais au cours de judo trois ______________ par semaine.
3. – L'entrée des catacombes, c'est ici?
   – Non, c'est ______________, ______________ de la station de métro.
4. ______________ Julien a visité les catacombes, il a perdu son groupe. ______________, il a entendu un bruit ______________ une grille. Il a eu un peu peur.

Voir oder *regarder*, *savoir* oder *connaître*, *écouter* oder *entendre*?

7 Bei diesen Verben sind Verwechslungen nicht selten. Achte genau auf den Sinn des Satzes und unterstreiche dann das passende Verb.

1. – Pardon, vous **savez / connaissez** où est le métro?
   – Non, désolée. Je ne **sais / connais** pas très bien Paris.
2. – Léo, **regarde / vois**! Tu **regardes / vois** ces crânes, là-bas?
   – Où? Je ne **regarde / vois** rien, c'est trop sombre, ici.
3. – Vous n'**entendez / écoutez** jamais quand j'explique la leçon.
   – Mais si, monsieur. On **écoute / entend**, mais on n'a pas **entendu / écouté**, il y a trop de bruit.

Antonyme

8

a Antonyme sind Wörter entgegengesetzter Bedeutung. Spüre nun im Buchstabengitter die Antonyme folgender Wörter auf und trage sie in die entsprechenden Lücken ein.

1. malheureuse ______________________
2. une entrée ______________________
3. monter ______________________
4. retrouver ______________________
5. en forme ______________________
6. une femme ______________________
7. content ______________________
8. ouvert ______________________
9. pour ______________________
10. là-bas ______________________

E	H	M	E	I	D	L
S	O	R	T	I	E	É
U	M	E	S	F	S	U
E	M	R	I	E	C	G
R	E	T	R	R	E	I
U	L	N	T	M	N	T
E	I	O	E	É	D	A
H	I	C	I	R	R	F
P	E	R	D	R	E	S

b Am Ende bleiben noch 8 Buchstaben übrig.
Bilde mit ihnen das Lösungswort und vervollständige damit den unten stehenden Satz.

Dans les catacombes, il y a des ______________ de crânes.

Personen beschreiben

9 Noch wenige Wochen … dann geht's nach Frankreich zum Austausch. Niklas Ebert und Laura Keller wollen sich ihren französischen Partnern vorstellen. Hier siehst du nun Entwürfe für ihre „Steckbriefe", zunächst noch in Deutsch. Wähle ein Portrait aus und schreibe den Steckbrief auf Französisch.

Niklas Ebert

- 14 Jahre
- Augen grau
- rothaarig
- ☹ Mathe, Hunde
- ☺ Rap, Fußball
- ☺ ☺ Reisen. Aber noch nie in Frankreich gewesen.
- Möchte später Schauspieler werden.

Laura Keller

- 13 Jahre
- Augen blau
- Haare blond
- ☹ Museen
- ☹ ☹ Mangas, Geschichten mit Vampiren
- ☺ Gitarre, Sport (vor allem Schwimmen)
- Kenne schon Frankreich (habe 2 Cousins in Toulouse).
- Möchte später mit Kindern arbeiten.

Sprachmittlung

10 Léo verbringt mit seinem Vater ein paar Tage in Deutschland. Sie besuchen zusammen ein altes Schloss. Nun stehen sie in einem großen Saal und der Fremdenführer erklärt ihnen, die Besichtigung sei hier beendet. Da gibt es aber noch eine geheimnisvolle Tür …

M. Pirou mittelt zwischen Léo und dem Führer.
Gib seine Sätze sinngemäß wieder.

Léo: Papa, qu'est-ce qu'il y a derrière cette porte? Demande au guide, s'il te plaît.

(M. Pirou fragt und der Führer antwortet, es gäbe da eine Treppe und unterirdische Gänge).

M. Pirou: Il y a ______________________________.

Léo: Oh, cool! C'est peut-être des catacombes, comme à Paris.

(Der Führer meint, das sei nicht möglich. Man habe keine Schädel gefunden, aber vielleicht seien es Abwasserkanäle).

M. Pirou: Non, ce ______________________________.

______________________________.

Léo: Et pourquoi on ne visite pas les souterrains?

(Der Führer erklärt M. Pirou, es sei zu gefährlich. Es gäbe Steine auf der Treppe und Mäuse in den Gängen).

M. Pirou: On ne visite pas parce que c'est ______________________________.

______________________________.

(Der Fremdenführer sieht, dass Léo enttäuscht ist und fügt hinzu, im Hof gäbe es ein Gitter. Da sähe man ein wenig den unterirdischen Gang).

M. Pirou: Viens avec moi, Léo. Dans ______________________________

______________________________.

Unité 3
La vie au collège

Die Verben *vouloir* und *pouvoir*

Die Verben **vouloir** und **pouvoir** sind unregelmäßig.
Ihre Endungen lauten:

-x, -x, -t, -ons, -ez, -ent.

Folgt auf **vouloir** oder **pouvoir** ein Infinitiv, so umklammern die Verneinungswörtchen **ne** und **pas** die konjugierte Form des Verbs.

Elle **ne** veut **pas** aller au cinéma. *Sie will **nicht** ins Kino gehen.*

Beachte die Wortstellung bei der Verneinung im **Passé composé**.

Hier, je **n'**ai **pas** pu aller au cinéma.
*Gestern konnte ich **nicht** ins Kino gehen.*

1 Fülle das Gitter mit den fehlenden Verbformen aus.

Infinitiv		pouvoir
je	veux	
tu		
il/elle/on		peut
nous	voulons	
vous		pouvez
ils/elles		
Participe passé	voulu	

2 Setze die konjugierten Verbformen in die Lücken ein.

1. Quand on ______________, on ______________!	vouloir pouvoir
2. – Qu'est-ce que ça ______________ dire, «longtemps»? – Euh … Vous ______________ regarder dans la liste des mots!	vouloir pouvoir
3. – Tu ______________ aider ta sœur, s'il te plaît? – D'accord, je ______________ bien.	pouvoir vouloir
4. Nous ______________ aller au cinéma, nos parents ______________.	ne pas pouvoir ne pas vouloir

***Pouvoir* oder *savoir*?**

Im Deutschen kann sowohl **pouvoir** als auch **savoir** mit ***können*** übersetzt werden. **Beachte den Unterschied:**

Il **sait** danser, mais aujourd'hui, il ne **peut** pas danser parce qu'il est malade.
Er kann tanzen (er weiß, wie es geht; er hat es gelernt), aber heute kann er nicht tanzen (es ist ihm nicht möglich), weil er krank ist.

3 **Pouvoir** oder **savoir**? Verwende das passende Verb und vervollständige die Sätze. Achte dabei genau auf den Inhalt.

1. – Tu veux faire du roller?
   – Aujourd'hui, je ne ______________ pas, je travaille pour l'école.
2. – Tu ______________ nager?
   – Oui, j'ai appris dans un club de natation.
3. – Hier, Sacha n' ______________ aller à la piscine.
   – Je ______________. Il a préparé l'interro d'anglais.

Das Verb *venir*

Beim Verb **venir** gibt es drei verschiedene Stämme.
je **vien**s, tu **vien**s, il/elle/on **vien**t
nous **ven**ons, vous **ven**ez
ils/elles **vienn**ent

Passé composé: je **suis** venu(e), tu **es** venu(e).

4 Vervollständige den Dialog mit den entsprechenden Formen von **venir**. Trage anschließend deine Ergebnisse in die Kästchen ein. Das Lösungswort in der umrandeten Spalte verrät dir, was Moustique sagt.

Julien: Léo, je vais à la cantine. Tu ______________ (1) avec moi?

Léo: Une minute! J'attends Marie, et nous ______________ (2) ensemble.

Julien: D'accord, mais ______________ (3) vite alors, j'ai faim.

Léo: Moi aussi. Je ______________ (4) sans Marie si elle ne ______________ (5) pas maintenant.

Julien: Ah, regarde! Elle arrive avec Alex et Mehdi. Ils ______________ (6) aussi à la cantine?

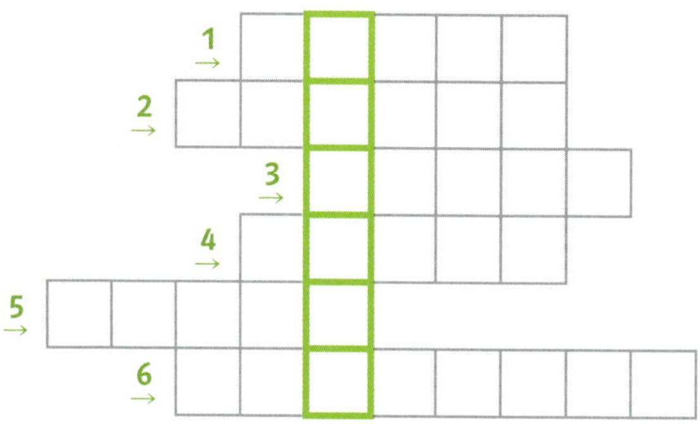

Das *Passé composé* mit *être*

Einige Verben bilden das **Passé composé** mit **être** und dem **Participe passé.**

Mehdi **est resté** à la maison. *Mehdi ist zu Hause geblieben.*

Beim **Passé composé** mit **être** richtet sich das **Participe passé** in **Genus** und **Numerus** nach dem **Subjekt** des Satzes.

Il est venu. Elle est venue. Ils sont venus. Elles sont venues.

Ist das **Plural-Subjekt gemischt** (maskulin + feminin), steht die **männliche Form.**

Julien et Marie **sont** venus.

5 Unterstreiche die Verben, die das **Passé composé** mit **être** bilden.

aller | inviter | arriver | changer | descendre | apprendre | monter | ouvrir | perdre | entrer | rentrer | venir | fermer | revenir | retourner | rester | fermer | tomber

6 Verbinde die Satzteile aus beiden Spalten zu sinnvollen Sätzen.

1. Anna	a. sont entrés dans la salle 18.
2. Marie et Mehdi	b. est allé au CDI.
3. Paul	c. sont arrivées en retard.
4. Sophie et sa copine	d. est tombée dans l'escalier.

7 Kreuze die richtige Partizip-Form an.

1. Marie et son frère sont **rentrés** | **rentré** | **rentrées** à la maison.
2. Les deux amies sont **descendus** | **descendues** | **descendue** dans la cour.
3. Clara n'est pas **revenue** | **revenu** | **revenus** du collège.
4. Léo et son père sont **retournés** | **retourné** | **retournées** en Allemagne.

8

Alex erzählt, was sie gestern Nachmittag unternommen hat.
Bilde Sätze mit den unten stehenden Elementen und bringe dabei die Verben ins **Passé composé**.

1. Hier, | à la tour Eiffel. | **aller** | Marie, Léo et moi, nous

   ____

2. sur la tour Eiffel. | Marie et Léo | **monter**

   ____

3. **ne pas monter**. | je | Mais moi,

   ____

4. à la maison | **rentrer** | Après, | Léo | en métro.

   ____

5. dans un bus. | Marie et moi, nous | **monter**

   ____

6. **descendre** | du bus | Nous | à la station Châtelet.

   ____

7. Quand Marie | son portable | dans la rue. | **descendre**, | **tomber**

   ____

8. **arriver**! | une voiture | Quelle catastrophe:

   ____

9 Léo und Alex chatten im Internet. Lies dir ihren Dialog aufmerksam durch und setze ihn anschließend ins **Passé composé**. Jetzt gibt es sowohl Verben mit **être** als auch mit **avoir**. Achte besonders auf die Angleichungen.

Léo: Qu'est-ce que tu fais, aujourd'hui?
Alex: Je vais à mon cours de judo et après, je retourne à la maison. Et toi?
Léo: Je reste chez moi. Marie et Mehdi viennent à 4 heures. On regarde un film, puis on apprend nos leçons ensemble.
Alex: Et après? Tu ne vas pas chez Julien?
Léo: Non, je ne peux pas. Mon père revient de Cologne, et il veut parler avec moi … ☹
Alex: Pourquoi?
Léo: J'ai des mauvaises notes en maths …

Léo: Qu'est-ce que tu ______________________, hier?

____

____

____

____

____

____

____

____

____

____

____

____

Einen Vorschlag machen, zustimmen, ablehnen

10 Verbinde die zusammengehörenden Elemente aus beiden Spalten.

1. Je propose	a. une bonne idée.
2. Vous êtes d'accord pour	b. mieux aller à la piscine.
3. Bof! Le foot,	c. veux bien.
4. Moi, j'aimerais	d. de faire des crêpes.
5. On se retrouve à	e. ensemble, si tu veux.
6. Tu as raison, c'est	f. envie de travailler.
7. Je n'ai pas trop	g. aller au cinéma?
8. Ça, vraiment, ça	h. ce n'est pas mon truc.
9. On peut faire les devoirs	i. cinq heures, chez Marie?
10. Oui, merci, je	j. ne me dit rien.

Zum Thema Schule

11 Hier findest du gängige Abkürzungen aus dem Schulalltag.
Trage die vollständigen Formen ein.

Beispiel: une info	une information	4. une interro	________
1. la géo	________	5. la récré	________
2. le prof / la prof	________	6. la perm	________
3. un ordi	________	7. les maths	________

12 Bilde Wörter mit den Wortteilen und vervollständige damit die Lückensätze. Wenn du alles richtig gemacht hast, bleiben 3 Wortteile übrig, die dir verraten, was Moustique sagt.

car · ce · géo · gra · ca · hier · ce · dan · bul · cor · lant · chai · bleau · çon · le · le · ma · mes · nen · net · no · per · phie · pon · res · ses · tex · sur · te · ta · tin · tes · tre · tri · veil

1. Sacha n'a pas bien appris sa ____________________, alors il a eu une mauvaise ____________________.
2. Julien note ses devoirs dans son ____________________ de ____________________.
3. Les professeurs écrivent les messages pour les parents dans le ____________________ de ____________________.
4. A la fin du ____________________, les parents peuvent voir le ____________________ scolaire de leurs enfants.
5. Quand ils n'ont pas cours, les élèves vont en ____________________ avec un ____________________.
6. Marie et Mehdi ont préparé un exposé. Ils quittent leurs ____________________ et vont au ____________________.

J'aime la ____________________!

13 Hier siehst du eine Seite aus Sachas *Carnet de correspondance*. Die Mitteilungen sind unvollständig. Auf dem Rand werden dir jeweils zwei Möglichkeiten angeboten, um die Lücken zu füllen. Wähle die richtige aus. Setze die Verben in die passende Form.

Date		
15/03	Sacha n' ________	avancer/ apprendre
	pas ses leçons. Il a encore eu six sur	
	________ à l'interrogation.	vingt/faim
	Si ça ________ , il ne va	continuer/ arrêter
	pas avoir la ________ ce	note/ moyenne
	trimestre.	
	C. Ducharme	
16/03	Madame, merci pour l' ________ .	information/ interrogation
	Je sais, Sacha n'a pas bien travaillé	
	________ ce trimestre.	pendant/ devant
	Mais ça va ________ . Hier, il a	crier/changer
	________ de faire	poser/ proposer
	________ sur un pays pauvre.	un exposé/ une dispute
	Qu'est-ce que vous en pensez?	
	R. Massicard	
22/03	Le 18 avril, le collège	
	________ une course contre	organiser/ participer
	la faim. ________ élève peut	chaque/ plusieurs
	________ .	féliciter/ participer
	On se ________ à 15 heures	retrouver/ retourner
	derrière le gymnase.	

Hören, lesen und verstehen

14 9

Höre genau hin. Pierres Vater erklärt seinem Sohn, was er über sein Schulzeugnis denkt.

a Kreuze an, welches der beiden Zeugnisse mit dem Gehörten übereinstimmt.

☐ **Bulletin 1**

Français	**11**	Arrive souvent en retard et sans ses cahiers.
Anglais	**12**	Bon élève, mais n'écoute pas toujours en classe.
Mathémathiques	**11**	Pierre ne travaille pas beaucoup!
Histoire-géo	**8**	Pierre n'apprend pas ses leçons. Ça ne peut pas continuer comme ça.
E.P.S.	**16**	Très bon élève.

☐ **Bulletin 2**

Français	**13**	Bon élève, mais parle trop pendant le cours.
Anglais	**16**	Très bien! Bon élève.
Mathémathiques	**10**	Pierre ne travaille pas beaucoup!
Histoire-géo	**12**	Peut mieux faire.
E.P.S.	**10**	Pierre est toujours fatigué et vient souvent sans ses affaires.

b Beantworte nun folgende Fragen.
Höre den Text noch mal an, wenn nötig.

1. Worüber beklagt sich der Französischlehrer?

____

2. Warum ist Pierre in Mathe nicht so gut?

____

3. Welches ist Pierres Lieblingsfach?

____

4. Was passiert nach Meinung des Vaters, wenn sich Pierre nicht verbessert?

____

Hören und nachsprechen

15

10

Manchmal ist es nicht einfach, nahe beieinanderliegende Laute in einer Fremdsprache zu unterscheiden. In der folgenden Übung geht es um den Laut [wa] wie in **noir** [nwaʀ] – im Gegensatz zum Laut [a] – wie in **papier** [papje].

a Höre dir die folgenden kurzen Sätze auf der CD sehr genau an und kreuze dann im Raster den gehörten Laut an.

	Beispiel	1	2	3	4	5	6	7	8	9
[a]										
[wa]	x									

b Sieh bei den Lösungen nach, ob du richtig liegst, und sprich die Sätze nach.

Hören und schreiben

16

11

Höre dir den Text gut an und ergänze die folgende unvollständige Mitschrift. Achte bei den **Passé-composé**-Formen besonders auf die Angleichung.

Ce ____________________, Emma n'a pas ____________________

ses ____________________. Elle a eu plusieurs ____________________

notes. En ____________________, elle n'a même pas eu

la ____________________.

Aujourd'hui, les ____________________ scolaires

sont ____________________ à la maison.

Quand Emma est ____________________ du collège,

elle n'a pas ____________________ voir ses parents.

Elle est ____________________ dans sa chambre.

Là, elle a ____________________ un copain,

puis elle a écrit ____________________ messages.

Eine Informationsbroschüre verstehen

17 In einer Broschüre von *Action contre la Faim* finden sich diese Informationen über den Lauf gegen den Hunger. Lies sie aufmerksam und beantworte anschließend die Fragen.

LA COURSE CONTRE LA FAIM

Qu'est-ce que c'est?

C'est un projet qui permet d'aider les victimes de la faim dans le monde.

Comment ça marche?

Avant la course, quelqu'un d'AcF vient sensibiliser les élèves de ton école, avec des films et des discussions. Puis les élèves cherchent des sponsors qui vont donner de l'argent pour chaque kilomètre parcouru: famille, amis, magasins …

Le jour J

Les élèves qui veulent participer prennent le départ de la course. Ce n'est pas une compétition, chacun avance à son rythme. L'important, c'est de faire beaucoup de kilomètres.

Après la course

Chaque élève retourne voir ses sponsors et leur demande leurs dons. Puis l'école envoie l'argent à AcF.

Toi aussi, si tu veux, tu peux aider! Propose à ton école d'organiser une *Course contre la faim*, le 17 mai.

Inscription sur Internet, avant le 28 février.

N'attendez pas! On compte sur vous!

1. Wer kommt in die Schule, um die Schüler zu sensibilisieren?

   ____

2. An welche Sponsoren sollen sich die Schüler wenden?

   ____

3. Welches Ziel haben die Teilnehmer des Laufes?

   ____

4. Wie und bis wann kann man sich zum Lauf anmelden?

   ____

Unité 4

Fou de cuisine!

Der Teilungsartikel

Der Teilungsartikel **du, de la, de l'** wird aus **de** und dem **bestimmten Artikel** gebildet. Er steht vor Nomen und drückt eine **unbestimmte Menge** aus.

Je prends **du pain**. *Ich nehme Brot.*
Je prends **de la viande**. *Ich nehme Fleisch.*
Je prends **de l'**eau. *Ich nehme Wasser.*
Beachte: Im Deutschen steht **kein Artikel**.

Erinnere dich:
Bei zählbaren Sachen verwendet man den unbestimmten Artikel Plural.
Je prends **des** oranges. *Ich nehme Orangen.*

Achte auf die Verneinung: Man verwendet **pas de/d'**.
Je **ne** prends **pas de** pain / **pas de** viande / **pas d'**eau / **pas d'**oranges.
Ich nehme kein Brot / kein Fleisch / kein Wasser / keine Orangen.

1 Vervollständige mit dem passenden Artikel (**du**, **de la**, **de l'**, **de**, **d'** oder **des**). Achtung: An einer Stelle steht der bestimmte Artikel!

M. Pirou: Bon, on a pris ________ œufs, ________ sucre, ________ yaourts et ________ farine. Maintenant, on va encore acheter ________ tomates et ________ salade. Tu veux ________ jus de pomme?

Léo: Non, je ne veux pas ________ jus de pomme. Je vais acheter ________ jus d'orange et ________ eau minérale.

M. Pirou: D'accord. Ah, n'oublie pas de prendre ________ lait pour maman.

Léo: Pourquoi? Maman ne met pas ________ lait dans son café.

M. Pirou: Ce soir, elle veut faire ________ crêpes.

Léo: Oh, super!
J'adore ________ crêpes!

! Nach den Verben **aimer**, **adorer**, **détester** benutzt man den bestimmten Artikel.
J'aime **le** chocolat.

Il faut

Il faut ist ein unpersönlicher Ausdruck, er wird also nicht konjugiert.
Du kannst **il faut** mit zwei Ergänzungen verwenden:
1. **Il faut** + Nomen: **Il faut** des œufs. ***Man braucht / benötigt*** *Eier.*
2. **Il faut** + Infinitiv: **Il faut** acheter du sucre. ***Man muss*** *Zucker kaufen.*

Beachte die Verneinung:
Il **ne faut pas** de beurre. ***Man braucht*** *keine Butter.*
Il **ne faut pas** oublier le beurre. ***Man darf*** *die Butter nicht vergessen.*

2 Was braucht man eigentlich, um Crêpes zu machen?
Übersetze die folgenden Sätze.

1. Man braucht Mehl, Eier und Milch.

___

2. Man braucht kein Öl, aber man braucht Butter.

___

3. Und man darf den Zucker nicht vergessen.

___

3 Das Wortpuzzle hilft dir bei der Beantwortung der Fragen.
Bringe dazu die einzelnen Elemente in die richtige Reihenfolge.

1. – On met des œufs dans ce gâteau? **Oui | œufs | il | trois | faut**

– ___

2. – Est-ce qu'il faut du sel? **Non | il | sel | pas | de | faut | ne**

– ___

3. – On peut mettre les sacs ici? **Non | ici | ne | sacs | mettre| pas | il | faut | les**

– ___

Mengenangaben mit *de*

Du weißt schon, dass nach **Mengenadverbien** nur **de** bzw. **d'** kommt.
beaucoup d'oranges | **peu de** viande *viele Orangen* | *wenig Fleisch*

Dies gilt auch für **nominale Mengenangaben**.
150 g **de** sucre | un litre **d'**eau minérale |
un kilo **de** tomates | une bouteille **de** jus
150 g Zucker | ein Liter Mineralwasser |
ein Kilo Tomaten | eine Flasche Saft

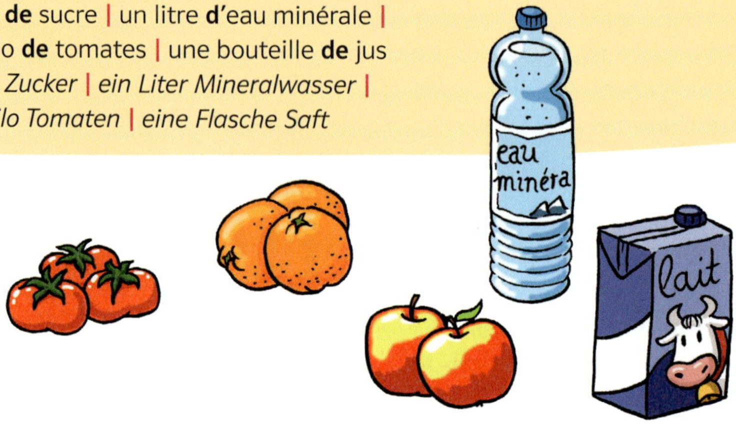

4 Bilde Sätze mit den eingeklammerten Mengenangaben.

Beispiel: Julien a des amis. **(beaucoup)** → Julien a beaucoup d'amis.

1. J'ai acheté des pommes. **(2 kilos)**

   ____

2. N'oublie pas de prendre du lait. **(1 litre)**

   ____

3. Il faut mettre de la farine. **(un peu)**

   ____

4. Il faut aussi du beurre. **(250 grammes)**

   ____

5. Sur la table, il y a de l'eau. **(2 bouteilles)**

   ____

6. Vous voulez du café? **(une tasse)**

   ____

Das Pronomen *en*

Das Pronomen **en** ersetzt Ergänzungen mit **de**.
Im Deutschen kann es oft wörtlich mit *davon* übersetzt werden.
Tu manges **des frites**? Oui, j'**en** mange. *Ja, ich esse welche / davon.*
Elle boit **du café**? Oui, elle **en** boit. *Ja, sie trinkt welchen.*

En steht **vor dem konjugierten Verb**.
Des fruits? Il **en** mange souvent. *Er isst oft welche.*
Des oranges? Je n'**en** ai pas acheté. *Ich habe keine gekauft.*
Bei Verben mit nachfolgendem Infinitiv steht **en** VOR dem Infinitiv.

Du chocolat?	Nous ne voulons pas **en** acheter. *Wir wollen keine (davon) kaufen.*
Merke dir:	**Il y en a. / Il n'y en a pas.** *Es gibt welche. / Es gibt keine (davon).*

Wenn eine Menge dabei ist, wird diese am Ende angegeben:

Tu veux **un peu de** sucre?	Oui, j'**en** veux **un peu**. *Ja, ich will ein bisschen (davon).*
Tu as acheté **un litre d'**eau?	Non, j'**en** ai acheté **trois.** *Nein, ich habe drei gekauft.*

5 Beantworte die Fragen mit Ja, dann mit Nein.
Verwende dazu das Pronomen **en**.

1. Tu veux de la salade?
   – ☺ ____________________ ☹ ____________________
2. Vous avez acheté des pommes de terre?
   – ☺ ____
   – ☹ ____
3. Il faut mettre du sel dans la salade?
   – ☺ ____
   – ☹ ____
4. Il y a encore des pommes de terre?
   – ☺ ____________________ ☹ ____________________

6

Beantworte die Fragen. Verwende dazu das Pronomen **en** und die eingeklammerten Elemente.

Beispiel: Tu as pris deux bouteilles d'eau? **(non, une)** → Non, j'en ai pris une.

1. – On a du jus de pomme? **(oui, beaucoup)**

   – ______________________________

2. – Vous avez acheté des tomates? **(oui, deux kilos)**

   – ______________________________

3. – Il faut mettre du lait dans le gâteau? **(oui, un peu)**

   – ______________________________

4. – Tu mets combien d'œufs? **(quatre)**

   – ______________________________

5. – Vous avez acheté 200 grammes de farine? **(non, 500 grammes)**

   – ______________________________

7

Jetzt ist es nicht mehr so einfach!
Ergänze mit **de**, **d'**, **du**, **de la**, **de l'**, **des** oder **en**.

Léo: J'ai envie de faire un gâteau au chocolat. Qu'est-ce que tu ________ penses?

Marie: Oui, c'est une bonne idée, on peut ________ faire un!

Léo: Pour commencer, il faut ________ chocolat, ________ œufs … Tu ________ as?

Marie: Oui, mais je n'ai plus beaucoup ________ farine. Il ________ faut combien?

Léo: Oh, il ________ faut 100 g. Il faut aussi ________ huile et 150 g ________ sucre.

Marie: Quoi? Encore ________ sucre? Il y ________ a déjà dans le chocolat!

Die Verben *boire, payer, acheter, préférer*

Diese vier Verben haben eine Gemeinsamkeit: Der Stamm der 1. und 2. Person Plural (endungsbetonte Formen) unterscheidet sich von den anderen Personen (stammbetonte Formen).

	boire *trinken*	**payer** *zahlen*	**acheter** *kaufen*	**préférer** *vorziehen*
je/j'	bois	paie	achète	préfère
tu	bois	paies	achètes	préfères
il/elle/on	boit	paie	achète	préfère
nous	buvons	payons	achetons	préférons
vous	buvez	payez	achetez	préférez
ils/elles	boivent	paient	achètent	préfèrent
Imperativ	Bois. Buvons. Buvez.	Paie. Payons. Payez.	Achète. Achetons. Achetez.	Préfère. Préférons. Préférez.
Passé composé	j'ai **bu**	j'ai payé	j'ai acheté	j'ai préféré

8 Ergänze mit den korrekten Formen von **boire**.

1. – Léo, tu ________________ trop de coca!
   – Moi? Mais non! Je n'en ai ________________ qu'un verre.

2. – Qu'est-ce que vous ________________ , en Allemagne, pendant le repas?
   – Nous ________________ du jus de fruit et de l'eau minérale.

3. – En France, on ________________ souvent du diabolo menthe.
   Moi, je n'en ________________ pas parce que je n'aime pas ça.

4. – Le matin, Marie ________________ du lait et ses parents
   ________________ du café.

5. – Vous voulez rester en forme? ________________ beaucoup d'eau!

9 M. Pirou und sein Kollege Lars erledigen ihre Einkäufe in Paris. Vervollständige ihr Gespräch mit den konjugierten Verbformen von **boire**, **payer**, **acheter**, **préférer** oder **espérer**. Wenn du alles richtig gelöst hast, verraten dir die eingekreisten Buchstaben, was Léo zum Nachtisch zubereitet hat.

! **Espérer** wird wie **préférer** konjugiert.

M. Pirou: J' **e** __ **p** __ **r** __ que vous aimez le lait,

j'en ai __ **c h** __ __ __ trois bouteilles.

Lars: Oui, le matin, nous **b** __ __ __ __ __ toujours du lait.

On **a** __ __ __ __ __ aussi des yaourts?

M. Pirou: D'accord. Bon, on a tout? Alors, je __ **a** __ **e** .

Lars: Trop tard, j'ai déjà **p** __ __ __ .

M. Pirou: Merci! Bon, pour le repas de midi, qu'est-ce que tu

p r __ **f** __ __ __ __ ? Des moules ou de la viande?

Lars: Je ne mange pas de viande. Je n'ai jamais mangé de moules,

mais si tu en __ **c** __ __ **t** __ __ , je suis sûr que je vais aimer.

Et avec ça, qu'est-ce qu'on **b** __ **i** __ ?

M. Pirou: Les enfants **b** __ __ __ __ __ **t** du jus d'orange, je pense.

Mais nous, nous **p** __ __ __ __ __ __ __ __ l'eau minérale.

Et pour le dessert, j'ai fait un

__ __ __ __ __ __ __ __ __

au chocolat!

Essen und trinken

10 Wie viele neue Begriffe zum Thema Essen und Trinken hast du dir gemerkt? In der ersten Tabelle wurden … 36 Wörter durchgeschnitten. Finde ihr passendes Ende in der zweiten Tabelle.

tom	fru	lég	ci	sal	la	vian	œ	ya
su	far	ent	hui	ol	sauc	ki	super	mou
des	choc	li	bois	bou	boi	ju	gra	ass
four	cou	cuil	ver	serv	beu	fro	ca	goû

umes	mage	chette	ourt	son	iette	it	mme	ive
uf	le	tron	rre	ate	cre	olat	de	iette
le	tre	re	rée	isson	sert	ade	teille	fé
teau	its	re	s	ine	lère	ter	marché	lo

11 Verjage den Eindringling!
Streiche das Wort durch, das nicht zu den anderen passt.

1. une fourchette | un couteau | un rince-doigts | une cuillère
2. l'entrée | la serviette | le plat principal | le dessert
3. un saucisson | une tomate | une salade | un citron
4. de l'eau minérale | du coca | du jus de fruit | de l'huile
5. du lait | des yaourts | des légumes | du beurre
6. manger | acheter | goûter | reprendre
7. faire les courses | acheter | payer | mettre la table

Die Zahlen ab 100

Erinnerst du dich an die **achtziger Zahlen**?
vingt (20) | quatre-vingt**s** (80)
aber: quatre-ving**t**-un (81) | quatre-vingt-sept (87).
Wenn auf **vingt** eine weitere Zahl folgt, entfällt das **-s**.

Das gilt auch für die **Hunderter**:
cent (100) | deux-cent**s** (200) | trois-cent**s** (300)
aber: deux-cen**t**-dix (210) | six-cen**t**-quatre-vingt-onze (691).

Mille (1000) ist **unveränderlich**: deux-mille (2000) | cent-mille (100 000) | cinq-mille-sept-cent-quatre-vingt-douze (5792).

12 Addiere und trage dann die Rechenvorgänge in Ziffern ein.

Beispiel: deux-cent-soixante-et-onze + cent-vingt-trois 271 + 123 = 394

1. trois-cent-vingt-six + deux-cent-quatre-vingt-dix

____

2. mille-quatre-cent-vingt-quatre + quatre-vingt-quinze

____

3. cinq-cent-vingt-trois + six-cent-soixante-dix-sept + cent-soixante-deux

____

13 Diese Übung erfordert hohe Konzentration. Welche Zahlen hörst du? Schreibe sie nieder. In Ziffern natürlich!

12

1. ______________ 5. ______________

2. ______________ 6. ______________

3. ______________ 7. ______________

4. ______________ 8. ______________

Hören und verstehen

14 Höre dir den Text an. Beantworte dann die Fragen.

13

1. Wer isst im Restaurant? ____________________
2. Was hat Lena bestellt? ____________________
3. Und was isst sie schließlich? ____________________
4. Was nimmt sie als Nachtisch? ____________________

Hören und nachsprechen

15 Höre dir genau an, was Damien erzählt. Auch mehrmals, falls erforderlich. Sprich dann einzelne Satztakte nach und schließlich den ganzen Satz.

14

Hören und schreiben

16 Achte aufmerksam auf den Dialog und ergänze folgende unvollständige Mitschrift.

15

– Mais enfin, Lucie, comment est-ce que tu as mis la ____________ ?
Regarde: ici, il y a deux ____________, et là, il n'y a pas
de ____________. Il manque aussi ____________
____________ et les ____________.

– Du pain? Oh! On ______ ______ ______ ____________ beaucoup.
Je vais aller ____________ ____________.

– Va vite, alors. Les ____________ vont bientôt arriver.
____________ aussi deux ____________ de
______ ______ ______. Moi, je n'ai ______ ______ ____________
de faire les ____________, je ______ ______
____________.

Ein Rezept verstehen

17 Léo hat in einer Zeitschrift ein sehr interessantes Rezept entdeckt. Was meinst du dazu? Hast du Lust auf Crêpes?

Mmm, c'est bon, les crêpes!

Chaudes ou froides, avec du beurre, de la confiture, de la crème au chocolat ou de la compote de pommes … Pour faire des bonnes crêpes, il faut d'abord une bonne pâte. Ce n'est pas difficile.

Recette pour 6 personnes (environ 12 crêpes)

250 g de farine – 100 g de sucre
1 cuillère de sucre vanillé – 2 petits œufs
25 g de beurre fondu – 3 grands verres de lait (750 ml)

Mettre la farine dans un grand saladier.
Ajouter le sucre, le sucre vanillé et les œufs.
Bien mélanger le tout avec un peu de lait.
Ajouter le beurre fondu. Mélanger.
Verser peu à peu le reste du lait, et mélanger avec une cuillère en bois (pas avec un mixer).
Laisser reposer la pâte pendant une heure avant de commencer à faire les crêpes.

Voilà, c'est tout. Bon appétit!

Entscheide, ob unten stehende Behauptungen richtig oder falsch sind.

	richtig	falsch
1. Man muss die Crêpes unbedingt warm essen.	☐	☐
2. Man braucht nur einen Löffel Zucker.	☐	☐
3. Man benötigt etwas Butter für den Teig.	☐	☐
4. Zuerst kommt die Milch in die Schüssel.	☐	☐
5. Der Teig wird mit einer Gabel umgerührt.	☐	☐
6. Man lässt den Teig etwa eine Stunde ruhen.	☐	☐

Das *Passé composé*

1 Eine spannende Geschichte! Was ist bei Marie passiert?
Setze die Verben ins **Passé composé**. Wenn du dir nicht mehr sicher bist, siehe Seite 22 und 47.

Hier, Marie et Léo ______________________ **(vouloir)** faire des crêpes. Ils ______________________ **(aller)** acheter des œufs et du lait. Ils ___________________________ **(prendre)** aussi de la farine. Quand ils ______________________ **(revenir)** chez Marie, ils ______________________ **(trouver)** la porte ouverte. Marie ________________ **(entendre)** du bruit dans l'appartement. Elle ____________ **(rester)** devant la porte et elle ____________ **(penser)**: «Oh, non! Des gens ________________ **(entrer)** chez nous! Mais, je ne comprends pas, je _________________________________ **(ne pas oublier)** de fermer la porte, quand nous ______________________ **(descendre)**.» A ce moment-là, elle _____________ **(voir)** sa mère dans l'entrée avec une dame.

- Ah, c'est toi, Marie! Entre! Je suis avec madame Meyer, notre nouvelle voisine. Elle ________________ **(arriver)** de Strasbourg hier.
- Bonjour, madame. Je suis Marie. Je ____________ **(aller)** faire les courses avec mon ami Léo. Nous allons faire des crêpes. Vous en voulez aussi? Ou alors, est-ce que vous ___________ déjà _____________ **(manger)**?

Mengenangaben und Artikel

2 Ein Arzt gibt Ratschläge, um fit zu bleiben. Ergänze mit den passenden Artikeln oder mit dem Pronomen **en**. Aufpassen: An einer Stelle kommt gar nichts! Wenn du dir nicht mehr sicher bist, siehe Seite 56, 58 und 59.

> **!** Nach **sans** kommt kein Artikel.
> Vous voulez un steak **avec des frites** ou **sans frites**?

Tout d'abord, il faut manger beaucoup ________ légumes. Si vous n'aimez pas ________ légumes, alors, mangez ________ salade ou ________ tomates.

Ne mangez pas trop ________ gâteaux. Si vous avez faim, mangez ________ fruits. Moi, j' ________ mange trois par jour! Vous pouvez aussi manger un peu ________ fromage, mais pas trop. Et surtout: pas ________ coca, il y a trop ________ sucre dans le coca. Buvez plutôt ________ eau minérale. Il faut boire beaucoup ________ eau. Si vous préférez ________ café, vous pouvez ________ boire un peu, avec ________ lait, mais sans ________ sucre. Ah, encore une chose: faites un peu ________ sport. Qu'est-ce que vous ________ pensez?

Die Zahlen ab 100

3 In jedem Satz gibt es eine Zahl über 100. Schreibe sie in Ziffern.

16

1. ________________________________
2. ________________________________
3. ________________________________
4. ________________________________
5. ________________________________
6. ________________________________

Wortschatz lernen

4 Willkürlich und isoliert aufgelistete Wörter prägen sich nur schwer ein. Wortfamilien enthalten Wörter, die der Herkunft nach zusammengehören. Fülle die Tabelle mit einem Verb (V), einem Nomen (N) oder einem Adjektiv (A) aus, das zur Familie des Begriffes gehört.

danser	N: la danse	une chanson	V: ______
le téléphone	V: ______	boire	N: ______
la rentrée	V: ______	deviner	N: ______
le sport	A: ______	un dessin	N: ______
discuter	N: ______	cent (100)	N: ______
jouer	N: ______	le courage	A: ______

5 Trage die Synonyme (=) oder die Antonyme (≠) der vorgegebenen Ausdrücke in die rechte Spalte ein.

à gauche	≠ à droite	facile	≠ ______
passer qc à qn	= donner qc à qn	ouvrir	≠ ______
bon, bonne	≠ ______	triste	= ______
le bruit	≠ ______	perdre	≠ ______
1000 grammes	= ______	monter	≠ ______
dans la lune	≠ ______	la mort	≠ ______

6 Hier sollst du in Wortfeldern üben und sinnverwandte Vokabeln in die richtige Spalte eintragen.

un trimestre · une piste · la moyenne · deux kilos de tomates · 500 g de farine · la permanence · acheter · une assiette · un sportif · plus vite, vas-y! · une serviette · le rugby · un cours · un supermarché · l'athlétisme · apprendre · un couteau · une cuillère · un cahier de textes · un rince-doigts · un gymnase · une fourchette · payer · des œufs

Au collège	Le sport

Faire les courses	Mettre la table

Aussprache üben

7 17

[i] wie in **vie** oder [ɥi] wie in **nuit**?
Du hörst zehn Wörter. Schreibe sie in die richtige Spalte.

[i]	[ɥi]

8 18

[y] wie in **bu** oder [u] wie in **fou**?
Du hörst zehn Wörter. Schreibe sie in die richtige Spalte.

[y]	[u]

9 19

[œ] wie in **heure** oder [ø] wie in **deux**?
Du hörst zehn Wörter. Schreibe sie in die richtige Spalte.

[œ]	[ø]

10 20

Jetzt trainieren wir keine einzelnen Laute, sondern alles! Es wird aber einfach. Du hörst jeweils ein Satzpaar. Kreuze an, ob es sich dabei um denselben Satz oder um zwei verschiedene Sätze handelt. Wenn du willst, kannst du dann versuchen, die Sätze aufzuschreiben.

	derselbe Satz	zwei verschiedene Sätze
1.	☐	☐
2.	☐	☐
3.	☐	☐
4.	☐	☐
5.	☐	☐
6.	☐	☐
7.	☐	☐

Eine Geschichte erzählen

11 Schreibe eine Geschichte über den jungen Tim und den kleinen Vampir. Richte dich nach den deutschen Satzelementen und erzähle im **Passé composé**.

1. ~~Eines Tages | Tim | mit seinem Hund Ray | *hinausgehen*~~
2. Plötzlich | der Hund | in einen Turm *eintreten*
3. Zuerst | Tim | Ray *rufen* | aber | Hund | nicht *hören*
4. Also | Tim | auch | in den Turm *gehen*
5. Er | in den Turm | *hinaufsteigen*
6. In diesem Augenblick | jemand | eine Tür *öffnen*
7. Zuerst | Tim | Angst *haben* | und | die Augen *schließen*
8. Danach | er | Ray *sehen* | mit einem kleinen Vampir
9. Also | er | *schreien*

1. Un jour, Tim est sorti avec son chien Ray.
2. ______________________________
3. ______________________________
4. ______________________________
5. ______________________________
6. ______________________________
7. ______________________________
8. ______________________________
9. ______________________________
10. Mais, aujourd'hui, Tim et le petit vampire sont des amis.

Sprachmittlung

12 Du bist mit deinen Eltern im Restaurant. Am Nachbartisch sitzt ein französisches Ehepaar mit seiner Tochter. Sie heißt Julie. Da du siehst, dass sie Probleme haben, bietest du deine Hilfe an. Erkläre Julie auf Französisch, was sie auf der Speisekarte nicht versteht.

Speisekarte

Tagesmenü 18,90 €

Vorspeise (wahlweise)

Salat Capri
Tomaten, Mozzarella, Basilikum, Olivenöl

Bunter Salatteller
mit Ei, Schinken und Käse

Vorspeisenteller
grüne und schwarze Oliven, Salami, Cocktailtomaten, Pizzabrot

Hauptgericht (wahlweise)
Steak mit Pommes oder Gemüse
Spaghetti mit Tomatensauce
Fleischküchle mit Kartoffelsalat

Nachtisch (wahlweise)
Französischer Käseteller mit Baguette-Brot und Butter

Apfelkuchen mit Sahne

Getränke (wahlweise)
1 Flasche Mineralwasser
1 Cola
1 kleine Flasche Orangensaft
1 Tasse Kaffee

Du gehst zum Nachbartisch, stellst dich vor und sagst, dass du Französisch sprichst. Dann fragst du die Touristen, ob sie ein Problem hätten.

Du: ______________________________

____

Julie: Oui. Mes parents ne parlent pas allemand, et moi ... un peu, mais là, c'est difficile. Qu'est-ce que ça veut dire: «Vorspeise», «Hauptgericht» et «Nachtisch»?

Du: ______________________________

____

Julie: Ah, d'accord. Alors, attends, ma mère ne mange pas de viande. Qu'est-ce qu'elle peut prendre?

Du: ______________________________

____

Julie: Et là, je ne comprends pas: un steak avec des pommes???

Du: ______________________________

____

Julie: Ah, bon! Mais ... et ça? «Fleischküchle» ... Des petits gâteaux, avec de la viande? C'est bizarre!

Du: ______________________________

____

Julie: D'accord, je prends ça. Est-ce que je peux prendre du fromage ET du gâteau?

Du: ______________________________

____

Julie: Oh, dommage! Bon, merci. Bon appétit!

Unité 5
Une semaine à Arcachon

Die Objektpronomen *me, te, nous, vous*

In dieser Unité lernst du die Objektpronomen der 1. und 2. Person: **me/m'**, **te/t'**, **nous** und **vous**.

Die Objektpronomen stehen vor dem Verb.
- Vous **me/nous** rappelez? *Ruft ihr mich/uns zurück?*
- Oui, nous **te/vous** rappelons. *Ja, wir rufen dich/euch/Sie zurück.*

Die Verneinungswörter umschließen das Pronomen und das konjugierte Verb.
- Tu **m'/nous** attends? *Wartest du auf mich/uns?*
- Non, je **ne** **t'/vous** attends **pas**. *Nein, ich warte nicht auf dich/euch/Sie.*

Bei Verben mit folgendem Infinitiv stehen die Pronomen vor dem Infinitiv.
- Tu vas **m'/nous** écrire? *Wirst du mir/uns schreiben?*
- Je **ne** vais **pas** **t'/vous** écrire. *Ich werde dir/euch/Ihnen nicht schreiben.*

1 In dieser Übung wird dir die Situation auf Deutsch vorgegeben. Ergänze nun einfach die französischen Sätze mit dem passenden Objektpronomen.

1. *Im Fernsehen kommt Fußball. Marie sagt, das interessiere sie nicht.*

   → «Le foot, ça ne ________ intéresse pas.»

2. *Alex sieht nirgends ihren Bruder. Sie fragt, wo er sei.*

   → «Où tu es? Je ne ________ vois pas.»

3. *Léo erklärt, Alex habe ihm und Marie ihre Fotos gezeigt.*

   → «Alex ________ a montré ses photos.»

4. *Max beklagt sich darüber, dass er seit einer Stunde auf seine Freunde warte.*

   → «Je ________ attends depuis une heure.»

2 Jetzt trainieren wir die Stellung der Objektpronomen.
Finde das passende Pronomen und setze es an die richtige Stelle.

Beispiel: Léo, tu ________ peux ___m'___ aider?

1. *Mehdi:* Je ________ raconte ________ une histoire,
   et vous ________ ne ________ écoutez pas!
   Ses copains: Tes histoires ne ________ intéressent pas ________ …
2. *Léo et Julien:* Tu viens chez Alex?
   Elle ________ va ________ montrer ses photos.
   Marie: Non, je ne viens pas, elle ________ a déjà ________ montré ses photos hier.
3. *Jérôme:* Vous ________ ne ________ comprenez jamais!
   Ça ________ énerve ________!
   Sa mère: Ne ________ parle ________ pas comme ça.
   Tu ________ énerves ________ aussi!

Das Verb *dire*

Achte insbesondere auf die **vous**-Form.
je di**s**, tu di**s**, il/elle/on di**t**, nous dis**ons**, vous **dites**, ils/elles dis**ent**
Passé composé: j'ai dit

3 Verbinde die Satzteile aus der linken Spalte mit den passenden Elementen aus der rechten Spalte zu einem sinnvollen Ganzen.

1. Les élèves du collège	a. dit.
2. Quoi? Qu'est-ce que tu	b. disons merci.
3. Moi? Je n'ai rien	c. disent NON à la faim dans le monde.
4. Venez, les enfants,	d. veut dire?
5. Vous êtes fantastiques, nous vous	e. dis?
6. «Schadenfreude», qu'est-ce que ça	f. dites bonjour à tante Odile.

Das Verb *envoyer*

4 Ergänze mit **i** oder **y**.

envo_i_er	nous envo_y_ons
j'envo_i_e	vous envo_y_ez
tu envo_i_es	ils envo_i_ent
il envo_i_e	j'ai envo_i_é

! Wenn keine gesprochene Silbe folgt, schreibt man mit **i**.

Die indirekte Rede

Die indirekte Rede wird durch **que** bzw. **qu'** eingeleitet.

Direkte Rede
Léo dit / explique: «Je suis fatigué.» *Léo sagt / erklärt: „Ich bin müde."*
→
Indirekte Rede
Léo dit / explique **qu'**il est fatigué. *Léo sagt / erklärt, dass er müde sei.*

5 Die Guiberts sind auf der Fahrt nach Arcachon.
Setze ihre Äußerungen in die indirekte Rede.

1. Alex et Jérôme disent: «Nous sommes fatigués.»
   → Alex et Jérôme disent ils sont fatigués.
2. M. Guibert répond: «Je vais bientôt faire une pause.»
   → M. Guibert répond qu'elle vas bientôt fait une pause.
3. Jérôme dit: «Je veux manger un sandwich.»
   → Jérôme dit qu'il veut mange un sandwich.

Die indirekte Frage

Die indirekte Frage wird mit **si** (**s'** vor **il / ils**) oder einem Fragewort eingeleitet.

Direkte Frage
Jérôme demande à son père:

«Est-ce qu'il y a des sandwichs?»	*Gibt es Sandwichs?*
«Ils sont où?»	*Wo sind sie?*

→

In der **indirekten Frage** gibt es weder **est-ce que** noch **Inversion**.
Jérôme demande à son père

s'il y a des sandwichs.	*… ob es Sandwichs gäbe.*
où ils sont.	*… wo sie seien.*

6 Die Guiberts wollen eine Woche Urlaub in Arcachon machen. Mme Guibert möchte nun telefonisch Einzelheiten über ihre Unterkunft erfahren. Stelle die Fragen in der indirekten Form.

1. Est-ce que les chambres sont grandes?
2. Est-ce qu'il y a la télé?
3. Quand est-ce que je peux prendre la clé?
4. Est-ce que la plage est loin?
5. Où est-ce qu'on peut mettre la voiture?

Mme Guibert demande …

1. ______________________________.
2. ______________________________.
3. ______________________________.
4. ______________________________.
5. ______________________________.

7 Alex möchte unbedingt ihre Mutter am Telefon sprechen. Doch Mme Guibert ist gerade im Bad. So muss Jérôme zwischen ihnen vermitteln. Vervollständige das Gespräch und verwende dabei die indirekte Rede bzw. die indirekte Frage.

Alex: Allô, Jérôme? Je voudrais parler à maman. Elle peut venir au téléphone?

Jérôme: Maman? C'est Alex. Elle demande

si tu ~~veu~~ peut venir au téléphone

Mme Guibert: Non, je suis à la salle de bains. Pourquoi est-ce qu'elle appelle?

Jérôme: Alex, maman dit ____________________ à la salle de bains. Elle veut savoir ______________________________.

Alex: Ben … J'ai envie d'aller à une fête chez Julien. Elle est d'accord?

Jérôme: Maman, Alex dit ____________________ ____________________ à une fête chez Julien. Elle demande ____________________ ______________________________.

Mme Guibert: D'accord. Mais comment est-ce qu'elle va rentrer?

Jérôme: Alex? Tu peux aller à la fête. Mais maman veut savoir ______________________________.

Alex: Est-ce que je peux dormir chez Marie?

Jérôme: Maman? Alex demande ____________________ ______________________________.

Mme Guibert: Bon, d'accord. Mais demain, elle reste à la maison.

Die direkten Objektpronomen *le, la, les*

X

Die direkten Objektpronomen der 3. Person lauten **le, la, les**.
Le vertritt maskuline Nomen, **la** feminine Nomen und **les** alle Nomen im Plural.
Vor Vokal und stummem **h** werden **le** und **la** zu **l'**.

Es gelten die gleichen Stellungsregeln wie bei **me**, **te**, **nous**, **vous**.

Vous voyez Marc?	Oui, nous **le** voyons.	*wir sehen ihn*
Tu as attendu Léo?	Non, je **ne l'**ai **pas** attendu.	*ich habe nicht auf ihn gewartet*
Tu vois Marie quand?	Je vais **la voir** demain.	*ich werde sie morgen sehen*
On va voir les Guibert?	Non, on **ne** va **pas les voir**.	*wir werden sie nicht sehen*

8 In der nachfolgenden Übung siehst du grüne Begriffe. Sie führen zur Antwort auf die gestellte Frage. Das Fragezeichen [?] ersetzt ein direktes Objektpronomen. Finde es und füge es in den Antwortsatz ein.

1. – Tu invites les Guibert? **Non | je | ? | ne pas inviter**

   – ______________________________

2. – Tu entends la mer? **Non | je | ? | ne pas entendre**

   – ______________________________

3. – Les Guibert connaissent la Normandie? **Non | ils | ? | ne pas connaître**

   – ______________________________

4. – Tu vas prendre ton baladeur mp3? **Bien sûr | je | ? | prendre**

   – ______________________________

5. – Vous voulez regarder les photos? **Oui | je | ? | vouloir regarder**

   – ______________________________

Die direkten Objektpronomen im *Passé composé*

Geht dem **Participe passé** ein **direktes Objektpronomen** voraus, so richtet sich das **Participe passé** in Genus und Numerus nach dem vorangehenden Objekt.

Tu as acheté **ce CD**?	Oui, je **l'**ai acheté.	(maskulin Singular)
Tu as vu **Marie**?	Non, je ne **l'**ai pas vu**e**.	(feminin Singular)
Mehdi et Léo?	Je **les** ai invité**s** aussi.	(maskulin Plural)
Regarde **ces chaussures**.	Je **les** ai acheté**es** hier.	(feminin Plural)

9 Beantworte die Fragen im **Passé composé**. Verwende dazu die konjugierte Form der Verben in Klammern sowie das passende Objektpronomen. Achte besonders auf die Angleichung des **Participe passé**.

1. – Tu as préparé les sandwichs?

   – Oui, je **(préparer)** ______________________________.
2. – Où sont les cartes postales?

   – Je **(mettre)** ______________________________ sur la table.
3. – Marie est rentrée à Paris?

   – Oui, je **(rencontrer)** ______________________________ hier.
4. – Mais … où est le chat?

   – Oh! Nous **(oublier)** ______________________________.
5. – Marie, tes copains ne t'ont pas attendue?

   – Non, ils **(attendre)** ______________________________.
6. – Maman, tu n'as pas vu mes chaussures blanches?

   – Non, je **(voir)** ______________________________

Zum Thema Urlaub

10 Ferien! Einfach toll! Doch erst einmal muss man an den Urlaubsort kommen. Im Auto? Hier findest du einige *Conseils* (Tipps, Ratschläge) für die Reise. Bring den Buchstabensalat in Ordnung und ergänze die Sätze.

NOS CONSEILS POUR LA ROUTE

1. Avant le **(drapét)** ____________________, regardez si vous avez tout. Toutes les **(lassive)** ____________________ sont bien là? Alors, en **(triouve)** ____________________ !
2. L'**(ouatoteur)** ____________________, ce n'est pas gratuit. Le **(gepéa)** ____________________ est cher. N'oubliez pas votre porte-monnaie. Et il y a souvent des **(coboshun)** ____________________. Partez tôt.
3. Vous voulez écouter de la musique pendant le **(goyave)** ______________, avec votre **(dralbeau)** ____________________ mp3? Ça peut être dangereux. Préférez la radio qui donne des informations sur les routes.
4. Si vous êtes fatigués:
   · faites une **(usape)** __________ sur une aire de **(prose)** __________,
   · mangez un bon **(waschnid)** ____________________,
   · buvez beaucoup d'eau.

11 Im Gitter findest du die 15 Wörter, die im Reiseprospekt fehlen. Suche von links nach rechts, von rechts nach links, von oben nach unten und von unten nach oben. Am Schluss bleiben 5 Buchstaben übrig. Sie verraten dir, was Alex in ihrer SMS geschrieben hat.

V	A	G	U	E	S	X	M	R
S	A	B	L	E	K	U	S	É
E	R	A	H	P	I	A	O	G
B	E	M	Ô	L	M	E	L	I
O	G	E	T	A	B	T	E	O
R	A	R	E	G	O	A	I	N
D	N	A	L	E	A	B	L	L
O	H	U	Î	T	R	E	S	U
G	L	A	C	E	D	U	N	E

L'__________________ Royal est au __________________ de

la __________________, à deux minutes de la __________________.

Là, vous pouvez __________________, faire du __________________

dans les __________________, ou bien rester au __________________,

sur le __________________, manger

une __________________ et regarder

les __________________.

Vous pouvez aussi visiter le __________________

du Cap Ferret ou la __________________ du Pilat.

Et bien sûr, ne quittez pas la __________________

sans goûter nos bonnes __________________.

Eine SMS verstehen

12 Hier siehst du zwei SMS, die Alex an Marie geschrieben hat. Schreibe sie in „korrektem" Französisch nieder. Lies sie zuerst laut vor, wenn es dir schwierig vorkommt.

1. ______________________________

____

____

____

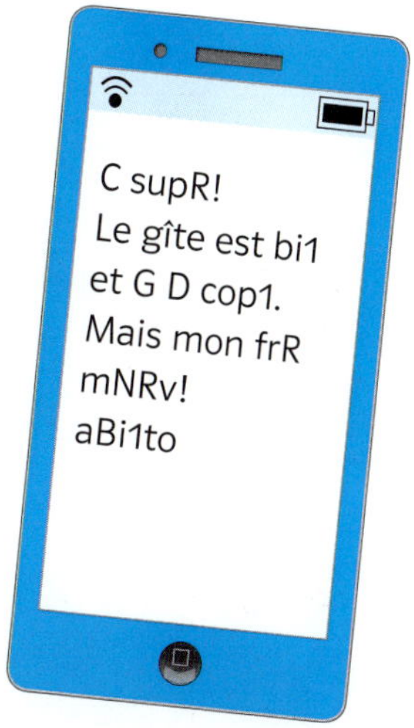

2. ______________________________

____

____

____

Seine Meinung äußern

13 21 Höre dir die Sätze an. Wird eine positive oder eine negative Meinung ausgedrückt? Kreuze an.

	1.	2.	3.	4.
	☐	☐	☐	☐
	☐	☐	☐	☐

Hören, sehen und verstehen

14 22

Auf der CD hörst du Kurzbeschreibungen der vier Jahreszeiten. Ordne jede einem Bild zu und trage den Namen der Jahreszeit ein.

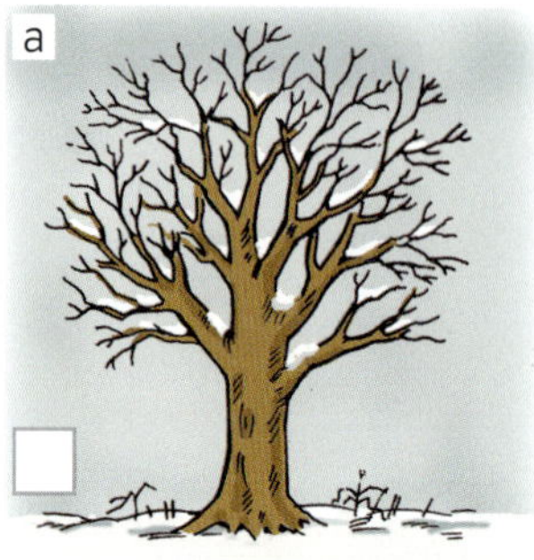

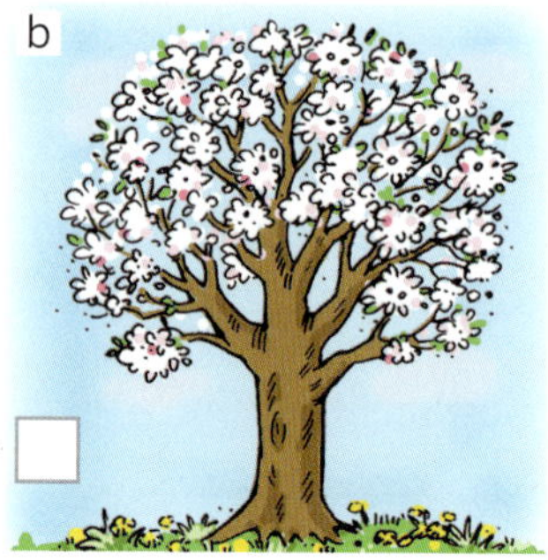

Hören und nachsprechen

15 23

Lies dir den folgenden Dialog durch. In einem zweiten Durchgang hörst du während deiner Lektüre auf das CD-Modell. Sprich anschließend die Sätze nach. Achte dabei auf die bei Aussagen, Fragen und Ausrufen unterschiedlichen Satzmelodien.

Jérémie: Papa? Quand est-ce qu'on arrive?
Son père: Mais je ne sais pas, moi! Aujourd'hui, il y a des bouchons sur l'autoroute … Alors, ne m'énerve pas!
Jérémie: Papa! On peut faire une pause? Il fait trop chaud dans la voiture!
Son père: Bon, d'accord … Mais attends encore 10 minutes. Il y a une aire de repos après le péage.
Jérémie: Oh, super! On va pouvoir manger les sandwichs!
Son père: Les sandwichs? Oh, zut! Je les ai oubliés à Paris!

Hören und schreiben

16 Höre dir den Text an und ergänze diese unvollständige Mitschrift.

24

Je suis très ________________ . Mes amis de Bordeaux ______ __________

________________ dans le ________________ . On __________________

__________________ c'est une jolie __________________ , surtout au

__________________ .

Il y a beaucoup de choses qui __________________ __________________ ,

là-bas. J'__________________ bien aller à la dune du Pilat.

Je ne ________________ ________________ jamais ________________ .

Mais je veux aussi aller à la __________________ et nager dans

les __________________ .

Et s'il n'y a pas de __________________ ?

Je peux aller manger des __________________ au restaurant.

Informationen entnehmen

17 Auch von Arcachon aus gibt es Möglichkeiten, die Umgebung zu entdecken.

a Lies den Prospekt aufmerksam durch.

Découvrir Arcachon et sa région – sans stress!

A vélo

Du Mouleau à la Pointe de l'Aiguillon, 15 km de pistes cyclables garantissent sécurité et plaisir. Pour découvrir la ville, faire des balades sous les arbres ou au bord de la mer.
Envie d'aller plus loin? Des dizaines de kilomètres de pistes cyclables relient les villages du Bassin entre eux.

Location de vélos
Locavélo, 212, boulevard de la plage (toute l'année)
Dingovélo, 94, avenue du Général de Gaulle (du 15 mars au 15 septembre)

En bateau

En été, pour faire les 80 km qui séparent Arcachon du Cap Ferret, il faut compter 2 heures, avec les bouchons. Prenez plutôt le bateau! Au départ de la jetée Thiers, les navettes de *Trans-Bassin* relient Arcachon au Cap Ferret en 30 minutes.

En bus

Pour aller à la dune du Pilat (la plus haute d'Europe avec 105 m), le bus est idéal. La ligne 1 du *Bus Baia* fait le voyage pour seulement 1 €.

Départ devant la gare d'Arcachon. En juillet et en août, le bus va aussi aux plages du Petit Nice et de la lagune.

b Kreuze an, ob die Aussagen richtig oder falsch sind.

	richtig	falsch
1. Auf dem Fahrrad lässt sich Arcachon sicher und mühelos entdecken, da es viele Radwege gibt.	☐	☐
2. Will man die Umgebung erkunden, sollte man beachten, dass es außerhalb der Stadt keine Radwege gibt.	☐	☐
3. *Dingovélo* verleiht seine Fahrräder das ganze Jahr über.	☐	☐
4. Wenn man es eilig hat, fährt man im Sommer besser mit dem Auto nach Cap Ferret.	☐	☐
5. Vom Bahnhof in Arcachon aus kann man für 1 € zur Dune du Pilat fahren.	☐	☐

Unité 6

Notre journal

Verben auf *-ir* (Gruppe *dormir*)

Bei diesen Verben (**dormir**, **sortir**, **partir**) ist der Stamm im Singular verkürzt, aber nicht im Plural.

je sor**s**	nous sor**tons**
tu par**s**	vous par**tez**
il/elle/on dor**t**	ils/elles dor**ment**

Passé composé: j'ai dorm**i**, je suis sort**i**, je suis part**i**

1 Vervollständige die Formen von **dormir** und die Personalpronomen.

1. vous partez
2. tu dors
3. elles dorment
4. je dor~~s~~
5. il dort
6. nous avons dormi

2 Trage die fehlenden Formen von **sortir** (**s**) und **partir** (**p**) ein.

1. C'est super! Demain, nous partons en vacances.
2. Comment? Arthur ne sort plus avec Coralie?
3. On a le temps, le train part à 17 heures.
4. Qu'est-ce que vous faites là? S~~ors~~ ortez de ma voiture, tout de suite.
5. Samedi, Camille et Luc sont s~~ortent~~ ortis jusqu'à minuit.
6. Hier, notre bus est parti en retard.

Die Adjektive *beau, nouveau* und *vieux*

Diese 3 Adjektive haben eine **zweite maskuline Form**, wenn sie direkt vor maskulinen Nomen stehen, die mit Vokal oder stummem **h** anfangen.
un nouveau prof - un nouvel‿élève

	maskulin	**feminin**
Singular vor Konsonant	un beau film un nouveau film un vieux film	une belle région une nouvelle voiture une vieille robe
Singular vor Vokal und stummem h	un bel‿appartement un nouvel‿élève un vieil‿hôtel	une belle affiche une nouvelle élève une vieille histoire
Plural	des beaux‿avions des nouveaux pulls des vieux bateaux	des belles‿histoires des nouvelles maisons des vieilles villes

Bei den **Pluralformen** werden **-x** und **-s** vor Vokal und stummem **h** als [z] gebunden.

Stehen diese 3 Adjektive **nach** dem Bezugswort, heißt es auch in der maskulinen Singularform **beau**, **nouveau**, **vieux**.
Cet élève est nouveau.

3 Wandle die folgenden Sätze um.

Beispiel: Cet hôtel est vieux. → C'est un vieil hôtel.

1. Cet album est nouveau. → C'est un ________________ album.
2. Cette histoire est belle. → C'est une ________________ histoire.
3. Ces arbres sont vieux. → Ce sont des ________________ arbres.
4. Tes yeux sont beaux. → Tu as des ________________ yeux.
5. Mon école est vieille. → C'est une ________________ école.
6. Cet enfant est très beau! → Quel ________________ enfant!

4 Ergänze mit den richtigen Formen von **nouveau** (**n**), **vieux** (**v**) und **beau** (**b**).

1. – Qu'est-ce que tu écoutes? Le **n**________________ album de Christophe Maé?
   – Non, c'est un **v**____________ album où il joue une musique que je trouve très **b**____________.
   – Moi, j'ai son **n**________________ CD.
2. – Pourquoi est-ce que tu mets toujours ces **v**____________ vêtements? C'est la **n**________________ mode, ou quoi? Tu as un **n**________________ pantalon, mais tu ne le mets jamais.
   – Mais maman, je trouve mes **v**__________ jeans très **b** __________.

Jouer à oder *jouer de*

> **!** jouer + *Spiel / Sport* = **jouer à**
> jouer + *Musikinstrument* = **jouer de**
>
> Achte auf die Form des Artikels.
> Je joue (+ le ballon) = Je joue **au** ballon.

5 Ergänze mit der passenden Präposition.

Camille joue ________ harmonica, Pierre ________ batterie, Lucas ________ violon, Lucie ________ saxophone. Moi aussi, j'ai envie de jouer ________ un instrument. Pour savoir quoi, je vais jouer ________ jeu «Pile ou face»! Le sport, ça ne me plaît pas trop. Je n'aime pas jouer ________ foot. J'adore jouer ________ cartes, je déteste jouer ________ jeux vidéo, et j'adore jouer ________ devinettes.

Die Verben *recevoir* und *devoir*

recevoir	*empfangen, bekommen*	**devoir**	*müssen, sollen*
je	reç**ois**	je	do**is**
tu	reç**ois**	tu	do**is**
il/elle/on	reç**oit**	il/elle/on	do**it**
nous	recev**ons**	nous	dev**ons**
vous	recev**ez**	vous	dev**ez**
ils/elles	reçoiv**ent**	ils/elles	doiv**ent**

Passé composé: j'ai reçu
Beachte: Vor **-o** und **-u** steht immer **-ç** (wie bei *nous commençons*).

Passé composé: j'ai dû
Beachte: Auf **dû** gibt es einen **Accent circonflexe**.

6 Hier ist dein Spürsinn gefragt. Doch findest du sicher problemlos die fehlenden Buchstaben der konjugierten Formen von **devoir** und **recevoir**.

1. je d__ __ __
2. on __ __ i __
3. vous avez __ __
4. il __ e __ __ __ __
5. je r__ __ o __ __
6. nous d__ v __ __ s
7. ils ont __ __ __ __
8. elles __ __ i __ __ __ __
9. elles __ __ __ o __ v __ __ __
10. vous __ __ __ e __
11. nous __ __ __ __ v __ __ __
12. vous r e__ __ __ __ __ __

7 Bei manchen Verbformen fehlt doch etwas! Wo wurde die **Cédille** vergessen? Korrigiere die fehlerhaften Formen.

je vais recevoir | ils ont recu | tu recois | elles recoivent

nous recevons | on recoit | je recois | vous recevez

Freizeitaktivitäten

8 Wenn du verstehen willst, was Grégoire und Amélie sagen, musst du die Buchstaben in die richtige Reihenfolge bringen.

1.

Bonjour, je m'appelle Grégoire Thomas.

Grégoire, c'est mon **(promén)** ____________.

Comme tous les **(jeusen)** ____________,

j'**(liseuti)** ____________ beaucoup

mon **(bortaple)** ____________.

Je trouve que c'est **(impartont)** ____________ d'être en **(tactcon)** ____________ avec les copains. Mes parents disent que je **(essap)** ____________ trop de temps à l'ordinateur. Je n'ai pas le **(driot)** ____________ d'être sur Internet après 21 heures, même si je suis sur un **(esit)** ____________ intéressant.

2.

Moi, c'est Amélie. Je **(eujo)** ____________ du **(lonoiv)** ____________ et de la guitare, mais j'aime aussi **(fersur)** ____________ sur le net. J'ai mon **(glob)** ____________ où je raconte ma vie. J'aime aussi le **(cimané)** ____________ et la **(demo)** ____________.

Plus tard, je voudrais avoir un **(méteir)** ____________ intéressant.

Et si je ne **(engag)** ____________ pas beaucoup d'**(grante)** ____________, ce n'est pas très grave.

Musik, Fernsehen und Kino

9 Welche Wörter entsprechen den deutschen Begriffen oder Definitionen? Du findest alle in diesem Gitter. Mit den 8 Buchstaben, die übrig bleiben, kannst du das Lösungswort bilden.

T	É	L	É	V	I	S	É	E	F	E
H	A	R	M	O	N	I	C	A	E	S
R	E	I	C	I	L	O	P	S	A	N
Y	T	S	A	X	O	P	H	O	N	E
T	N	E	M	U	R	T	S	N	I	P
H	O	R	R	E	U	R	I	V	M	S
M	B	A	T	T	E	R	I	E	É	U
E	A	E	I	D	É	M	O	C	L	S

1. eine Fernsehserie

une série ________________

2. ein lustiger Film

une ________________

3. eine Geige, eine Gitarre oder ein Klavier

un ________________

4. ein Zeichentrickfilm

un dessin ________________

5. die Spannung

le ________________

6. ein gruseliger Film

un film d' ________________

7. ein Krimi

un film ________________

8. das „Instrument" des Sängers

la ________________

9. das Schlagzeug

la ________________

10. ein wichtiges Blasinstrument beim Jazz

le ________________

11. der Rhythmus

le ________________

12. die Mundharmonika

l' ________________

Lösungswort:

un ________________

Hören und verstehen

10 Höre dir die Kurzbiografie von Zaz an und beantworte anschließend die Fragen.

25

1. In welchem Jahr wurde sie geboren?

___

2. Welche Instrumente hat sie gelernt?

___

3. Wo hat sie singen gelernt?

___

4. Wie heißt ihr erstes Album?

___

5. Wann wurde ihr Lied „Je veux“ zum Lieblingslied der Franzosen?

___

6. In welchen Ländern ist sie besonders bekannt?

___

Hören und nachsprechen

11 26

Hier geht es vor allem um die Unterscheidung zwischen stimmhaften [z] und [ʒ] und stimmlosen Lauten [s] und [ʃ]. Höre die CD-Aufnahme konzentriert an und lies den folgenden Text still mit. Sprich anschließend die Sätze einzeln nach.

1. Vous connaissez Zaz?
2. C'est une jeune chanteuse française.
3. J'adore sa voix et ses rythmes.
4. Dans la chanson «Je veux», elle dit qu'elle veut de la joie et de l'amour.
5. Moi, je trouve qu'elle a raison.
6. Aujourd'hui, les gens pensent trop à l'argent.

Hören und schreiben

12 27

Höre den Text an und ergänze dann die lückenhafte Mitschrift.

Cette semaine, au collège, je ________________ à un ________________ super: c'est un ________________ BD. ____________ ____________ ________________ beaucoup. Nous ________________ à raconter, avec des dessins, une histoire ________________________ que nous avons ________________. C'est ________________, mais c'est ________________ aussi parce que tous les élèves ont des ________________ ________________. Notre prof, qui est ________________, dit qu'il y a beaucoup de ________________ de BD très ________________ en Belgique.

Das Wesentliche verstehen

13 Vanessa hat einen Artikel für *Boléro*, die Schülerzeitung des *Collège Maurice Ravel*, geschrieben. Alles wirst du nicht verstehen, doch die unten gestellten Fragen kannst du bestimmt beantworten.

Hier, j'ai eu la chance d'interviewer le chanteur Guito'B. Guito'B, c'est son nom d'artiste. Je ne connais pas son vrai nom, il n'a pas voulu me le dire. Mais il a bien voulu répondre à mes questions.

Vanessa: Aujourd'hui, tu es chanteur. Est-ce que tu as eu envie, un jour ou l'autre, d'avoir un autre métier?

Guito'B: Non, jamais! J'ai commencé la musique très jeune. J'ai toujours rêvé de vivre de ma musique.

V.: Il y a beaucoup de jeunes qui rêvent de ça, mais ce n'est pas si facile.

G.: C'est vrai, au début, c'est difficile. Maintenant, ça va. J'ai du succès, mais ça n'a pas toujours été comme ça. Avec mon groupe, Presteej, on a commencé par jouer dans les couloirs du métro. Mais on a toujours gardé l'espoir. Et voilà, à la fin, on a réalisé notre rêve.

V.: C'est quoi, ton message aux jeunes?

G.: Je veux leur dire d'aller au bout de leurs rêves. Moi, je viens d'Haïti. C'est un pays très pauvre où les gens ont des problèmes graves et pas beaucoup de temps pour rêver. Mais ici, en Europe, tout est possible, si on le veut vraiment. La vie est belle quand on fait des choses qu'on aime.

V.: C'est un beau message. Merci, Guito'B.

1. Wie heißt Guito'B wirklich?

____

2. Welchen Beruf wollte er wählen, als er klein war?

____

3. Wo hat er gespielt, bevor er bekannt wurde?

____

4. Welche Botschaft möchte er den Jugendlichen mitgeben?

____

Unité 7

On peut toujours rêver!

Verben auf *-ir* (Gruppe *choisir*)

Bei dieser Gruppe (**choisir**, **finir**, **réfléchir**, **réussir**) wird der Stamm im Plural durch **-iss** erweitert.

je chois**is** | fin**is**
tu chois**is** | fin**is**
il/elle/on chois**it** | fin**it**

nous chois**issons** | fin**issons**
vous chois**issez** | fin**issez**
ils/elles chois**issent** | fin**issent**

Passé composé: j'ai choisi

1 Mithilfe der vorgegebenen Buchstaben findest du ohne Mühe die gesuchten Verbformen. In der umrandeten Spalte steht dann das Lösungswort.

tu				F								
elle								O				
nous			N									
vous			H		I							
j'ai						U						
ils				F								
je				É								

2 Bringe die Verben **réfléchir** (**r**), **finir** (**f**), **choisir** (**c**) in die passende Form.

1. Au restaurant, les enfants ne **r** ______________________ pas, ils **c** ______________________ toujours des grandes pizzas qu'ils ne **f** ______________________ jamais.
2. Vous n'avez pas encore **f** ______________________ cet exercice? Mais **r** ______________________ un peu, c'est facile.

Die indirekten Objektpronomen *lui* und *leur*

Du erinnerst dich: Direkte und indirekte Objekte können durch Pronomen ersetzt werden. **Lui** und **leur** sind die **indirekten Pronomen der 3. Person**. Sie stehen für Personen, egal, ob diese maskulin oder feminin sind.

Le cirque, ça plaît **à** Mehdi? Oui, ça **lui** plaît.
Le cirque, ça plaît **à** Marie? Oui, ça **lui** plaît.
Le cirque, ça plaît **à** Clara et Marie? Oui, ça **leur** plaît.

Es gelten dieselben Stellungsregeln wie bei sonstigen Objektpronomen (siehe S. 81).

! Unterscheide:
Elles **leur** montrent **leur** cadeau / **leurs** cadeaux.
Sie zeigen ihnen ihr Geschenk / ihre Geschenke.
leur + Verb = Objektpronomen (unveränderlich)
leur + Nomen = Possessivbegleiter (veränderlich)

3 Ersetze die unterstrichenen Objekte durch das entsprechende Objektpronomen **lui** oder **leur**.

1. Le professeur explique la leçon aux élèves.
   → Il ________ explique la leçon.
2. Marie n'a pas téléphoné à Alex.
   → Elle ne ________ a pas téléphoné.
3. Marie et Alex montrent leurs photos aux copains.
   → Elles ________ montrent leurs photos.
4. Mehdi a raconté sa journée à ses parents.
   → Il ________ a raconté sa journée.
5. Sacha et Jérôme disent quelque chose à Mehdi.
   → Ils ________ disent quelque chose.

4 Ersetze zunächst das direkte Objekt (**a**), dann das indirekte Objekt (**b**) durch das entsprechende Objektpronomen.

Beispiel: Marie montre ses cadeaux à Alex.

a Marie les montre à Alex.

b Marie lui montre ses cadeaux.

1. Sacha demande la clé à Léo.

a ______

b ______

2. Le prof explique les exercices aux élèves.

a ______

b ______

3. Mehdi a donné les balles à Sacha.

a ______

b ______

! Achte bei einigen Verben auf den Unterschied zum Deutschen!

aider qn	≠	jdm. helfen
écouter qn	≠	jdm. zuhören
rencontrer qn	≠	jdm. begegnen
téléphoner à qn	≠	jdn. anrufen
demander à qn	≠	jdn. fragen

5 Übersetze.

1. Ich begegne ihm manchmal im Park.

______

2. Ich helfe ihr nicht oft.

______

3. Ich werde sie anrufen.

______

4. Der Lehrer redet, aber die Schüler hören ihm nicht zu.

______

Der Begleiter *tout*

Tout / Toute bedeutet im Singular **ganz**, **tous / toutes** im Plural **alle.**

Singular	tout	[tu]		weiterer Begleiter		
	toute	[tut]	+	(z. B. le/la; ma; ce/ces)	+	Nomen
Plural	tous	[tu]				
	toutes	[tut]				

Il a mangé	**tout son** sandwich.	*sein **ganzes** Sandwich*
	toute la viande.	*das **ganze** Fleisch*
Nous n'avons pas mangé	**tous ces** croissants.	***all** diese Croissants*
	toutes les frites.	***alle** Pommes*

6 Schreibe die passende Form von **tout**, **toute**, **tous** und **toutes** in die Lücken.

__________ le monde voudrait habiter dans cette ville. Il y a du soleil __________ les jours, __________ la journée. Dans __________ les rues, il y a des maisons de __________ les couleurs, et on entend __________ le temps de la musique. Dans mes rêves, j'habite cette ville avec __________ ma famille et __________ mes copains.

7 Übersetze die grünen Begriffe und trage die Lösung in die Lücken ein.

Beispiel: Tu as déjà lu tous ces livres? — **all diese Bücher**

1. Julien a travaillé ____________________. — **die ganze Woche**
2. Il faut apprendre ____________________. — **den ganzen Text**
3. Jérôme est à Arcachon avec ____________________. — **seiner ganzen Familie**
4. Marie et Alex ont invité ____________________. — **alle ihre Freundinnen**
5. Merci pour ____________________. — **all eure Geschenke**

Zum Thema Zirkus und Sport

8 Bringe Ordnung in den Buchstabensalat.

A la fête du sport, Marie apprend à marcher en **(éliquibre)** ____________________ sur la corde **(lomel)** ___________.
Pendant ce temps, Jérôme et Sacha **(glonjent)** __________________ avec des **(labels)** ______________, comme des **(wnocls)** ______________.
Mehdi, lui, **(teusa)** ___________ sur le **(potrimlane)** ______________________. Il essaie aussi le saut à l'**(laséquite)** ____________________. Il n'a pas peur; plus tard, il veut faire du **(chupatisrame)** ___________________________. Alex ne comprend pas ça.
Elle, elle **(vêer)** _________ d'habiter à la **(pamcegna)** _________________ avec des **(vachexu)** ________________. Elle veut être **(libogoiste)** ______________________ plus tard.

Häufige Wendungen

9 Verbinde die Satzteile aus der linken Spalte mit den passenden Elementen aus der rechten Spalte zu einem sinnvollen Ganzen.

1. Qu'est-ce qui se passe?	a. Non, nous en avons assez.
2. Ne t'en fais pas,	b. Léo ne revient pas.
3. Merci beaucoup.	c. De rien.
4. Qu'est-ce que tu en penses?	d. on va trouver une solution.
5. Il nous faut plus de balles?	e. Je suis de ton avis.

Hören, sehen und verstehen

10 Betrachte diese Zeichnung und höre die zwei Texte an. Der eine stimmt mit den Bildern überein, der andere nicht.

28

Léo Jérôme Tarzan

1. Welches ist nun der passende Text?

   ☐ A ☐ B

2. Prüfe deine Antwort zur Frage 1 im Lösungsteil.
   Höre dann den ungenauen Text noch mal an.
   Jetzt eine schwierigere Frage:
   Wie viele Fehler enthält der ungenaue Text?

   ☐ 2 ☐ 7 ☐ 12

3. Wenn du die beiden Texte wirklich verstanden hast, notiere hier, was im fehlerhaften Text nicht stimmt.

Hören und nachsprechen

11

a Höre dir die Sätze an und lies aufmerksam mit.

29 b Unterstreiche den Laut [s] **blau**, den Laut [z] **rot**, den Laut [ʒ] **grün**, den Laut [ʃ] **orange**.

Beispiel: Julien jongle et joue au clown avec Sacha et les autres.

1. Alex et Jérôme choisissent le saut à l'élastique.
2. J'ai assez d'argent pour acheter ces chaussures.
3. Mes voisins ont douze chevaux et dix-huit chiens.

c Sprich nun die Sätze laut nach.

Hören und schreiben

12

Höre dir den Text konzentriert an und ergänze die unvollständige Mitschrift.

30

A la fête du sport, Alex et Marie ____________ un ____________ avec plusieurs activités. Marie veut apprendre à ____________. Alex ____________ le saut à l'élastique. Après, ____________ ____________ ____________, elles ____________ de marcher sur la corde ____________. C'est difficile parce que ça ____________ beaucoup. Mais à la fin, elles ____________. Après la fête, elles retrouvent ____________ ____________ copains. Elles ____________ montrent tous les cadeaux qu'elles ont ____________.

Informationen entnehmen

13 Die Stadt Vincennes veranstaltet ihre jährliche *Fête du sport*.
Hier siehst du das Programm.

a Lies es dir aufmerksam durch.

La fête du sport

A vous de jouer!

Organisée par la ville de Vincennes, avec l'aide de nombreuses associations sportives, la Fête du sport est ouverte à tous. Venez en famille ou entre amis. Participez aux différentes activités et regardez les démonstrations.
Les enfants peuvent faire un parcours où ils essaient plusieurs activités. A la fin, ils reçoivent un diplôme et un petit cadeau. Un stand de restauration rapide se trouve sur le site. Vous pouvez aussi apporter votre pique-nique. Idéal, s'il fait beau!

Cours des Maréchaux à Vincennes
Le dimanche 24 juin
De 11 heures à 18 heures
Entrée gratuite

20 clubs de sport vous proposent des animations variées.

- Baby-gym et marche nordique
- Parcours gymnastique pour les enfants
- Démonstrations de judo, karaté et taekwondo
- Basket, beach-volley, ateliers foot et rugby
- Tables de ping-pong, filets de badminton
- Initiation à la boxe et à l'escrime
- Tours de poney à partir de 3 ans

b Beantworte nun die Fragen.

1. Für wen wird die *Fête du sport* veranstaltet?

   ☐ Für Kinder. ☐ Für Erwachsene. ☐ Für jedermann.

2. Wann beginnt das Fest?

   ☐ Um 11 Uhr. ☐ Um 18 Uhr. ☐ Man erfährt es nicht.

3. Muss man den eigenen Schläger mitbringen, um Tischtennis zu spielen?

   ☐ Ja. ☐ Nein. ☐ Man erfährt es nicht.

4. Was wird für Kinder ab 3 Jahren angeboten?

   ☐ Ein Ponyritt. ☐ Nordic Walking. ☐ Eine Einführung ins Boxen.

5. Was erhalten Kinder, die mehrere sportliche Aktivitäten absolvieren?

   ☐ Eine Urkunde. ☐ Ein Geschenk. ☐ Eine Urkunde und ein Geschenk.

6. Darf man sein eigenes Essen mitbringen?

   ☐ Ja. ☐ Nein. ☐ Man erfährt es nicht.

In manchen Klassen stehen die folgenden Themen nicht auf dem Programm. Falls du sie aber bearbeitet hast, kannst du hier trainieren.

Die Steigerung der Adjektive

Der **Komparativ** wird gebildet, indem man **plus** (Überlegenheit), **aussi** (Gleichheit) oder **moins** (Unterlegenheit) vor das Adjektiv stellt. Das **Vergleichswort** (deutsch: *als* und *wie*) heißt immer **que / qu'**.

Julien est **plus grand qu'**Alex.	*größer als*
Alex est **aussi grande que** Zoé.	*genauso groß wie*
Jérôme et Alex sont **moins grands** que M. Guibert.	*weniger groß als*

Auch hier richtet sich das Adjektiv in Genus und Numerus nach dem Bezugswort.

Das Adjektiv **bon** hat besondere Formen (**meilleur**, **meilleure**).
Mathilde est bonne / moins bonne / aussi bonne que Vanessa en sport.
Aber: Mathilde est **meilleure** que Sonia. *besser als Sonia*

14 Bilde den Komparativ der Adjektive.
Dabei richtest du dich nach den Angaben.

1. **grand** Paul: 1,74 m | Mathilde: 1,68 m | Jean: 1, 68 m

   Paul est ______________________ Jean. Mathilde est ______________________ Jean, donc elle est ______________________ Paul.

2. **bon** Paul: 11/20 en maths | Mathilde: 14/20 en maths

   Paul est ______________________ Mathilde.

   Mathilde est ______________________ Paul.

3. **cher** Pantalon: 39€ | Chaussures: 39 € | T-shirt: 12 €

   Le t-shirt est ______________________ le pantalon.

   Mais les chaussures sont ______________________ le pantalon.

Die Bildung des *Imparfait*

Das **Imparfait** wird aus dem Stamm der 1. Person Plural Präsens und den Endungen **-ais, -ais, -ait, -ions, -iez, -aient** gebildet.

nous **répond**ons	nous **finiss**ons	nous **commenç**ons
↓	↓	↓
je répond**ais**	je finiss**ais**	je commenç**ais**
tu répond**ais**	tu finiss**ais**	tu commenç**ais**
il/elle/on répond**ait**	il/elle/on finiss**ait**	il/elle/on commenç**ait**
nous répond**ions**	nous finiss**ions**	nous commenc**ions**
vous répond**iez**	vous finiss**iez**	vous commenc**iez**
ils/elles répond**aient**	ils/elles finiss**aient**	ils/elles commenç**aient**

Es gibt nur eine Ausnahme: **être** → j'**étais**.

15 Trage die Formen im **Imparfait** ein.
In den farbigen Kästchen findest du das Lösungswort.

nous sommes → nous _ [_] _ _ _ _

tu prends → tu _ [_] _ _ _ _ _

on sait → on _ _ _ [_] _ _

je commence → je _ _ _ [_] _ _ _ _ _ _

vous payez → vous [_] _ _ _ _ _

tu veux → tu _ [_] _ _ _ _ _

elles vont → elles _ _ [_] _ _ _ _ _

je dois → je _ _ _ _ [_] _

nous mangeons → nous _ _ [_] _ _ _ _ _

tu achètes → tu _ _ _ [_] _ _ _ _

Die Objektpronomen

1 Ergänze mit dem direkten Objektpronomen. Gleiche das **Participe passé**, wenn nötig, an: Das **Participe passé** wird in Genus und Numerus an die vorausgehenden direkten Pronomen angeglichen.
Wenn du dir nicht mehr sicher bist, siehe Seite 76, 81 und 82.

M. Guibert: Jérôme, tu me passes la valise verte, s'il te plaît?

Jérôme: Je ne _____ ai pas, je _____ ai donné_____ à Alex.

Alex: Quoi? Ce n'est pas vrai! Euh … Oh, si! Je _____ ai pris_____, mais je _____ ai laissé_____ dans l'entrée parce que Marie _____ a appelé_____ sur mon portable.

Jérôme: Bon, je vais _____ chercher. Et qu'est-ce qu'on fait avec tous ces sacs? Il faut aussi _____ mettre dans la voiture?

Alex: Mais … Et mon skimboard? On _____ met où?

Jérôme: Oh, arrête, Alex! Papa et moi, nous travaillons, et toi, tu _____ énerves avec ton skimboard!

2 Bei dieser Übung kannst du nun mit allen Objektpronomen jonglieren.
Ergänze mit dem direkten oder indirekten Objektpronomen.
Gleiche das **Participe passé**, wenn nötig, an.
Wenn du dir nicht mehr sicher bist, siehe Seite 100 und 101.

J'ai un problème avec ma copine.
Quand je ___ parle,
elle ne ___ écoute pas.
Quand je ___ propose d'aller
au cinéma, elle ___ dit que
les films ne ___ intéressent pas.
Je ___ ai écrit___ des SMS, mais elle ne ___ a pas
lu___ ! Elle ne ___ téléphone plus! :-(
Moi, je ___ téléphone souvent.

Je ___ demande si elle ___ aime encore, et elle dit
«oui». Mais alors? Qu'est-ce qu'elle a? Elle a peut-être
des problèmes … ???

Mais avec ses copines, elle est cool: elle ___ parle,
elle ___ écoute, elle ___ raconte des histoires.
Moi, je ne ___ intéresse plus.

Et puis … hier, je ___ ai rencontré___ avec un garçon
de 4^{e}B!

Die Verben auf *-ir* und *-ire*

3 Vervollständige die konjugierten Formen mit den aufgelisteten Endungen.

ent ert es ez i i ies is is

issent issez issons ons s t us

1. ils chois ______________
2. nous part ______________
3. vous avez réfléch ______________
4. on fini ______________
5. tu ouvr ______________
6. vous réuss ______________
7. elles sont sort ______________
8. je fini ______________
9. elle a chois ______________
10. ils sont reven ______________
11. nous réuss ______________
12. ils dorm ______________
13. vous part ______________
14. ils sont sort ______________
15. tu réfléch ______________
16. nous avons ouv ______________

4 Ergänze mit den korrekten Formen von **dire**, **écrire** und **lire**.

Mme Guibert: Qu'est-ce que vous faites, les enfants?

Jérôme: Nous ______________ .

Mme Guibert: Ah, et qu'est-ce que vous ______________ ?

Jérôme: Des BD.

Mme Guibert: Comment? Qu'est-ce que vous ______________ ?

Jérôme: J'ai ______________ : des BD. Et toi?

Mme Guibert: Je ______________ une lettre de mamie.

Elle n'est pas contente. Elle ______________ que

vous n' ______________ jamais.

Unregelmäßige Verben

5 Setze die passende Form der Verben an den richtigen Platz.

1. **savoir | lire | recevoir**

- Le collège Maurice Ravel a __________ un prix pour son journal.
- Je __________, j'ai __________ ça sur Internet.

2. **devoir | vouloir | savoir | pouvoir**

- Nous __________ aller au cinéma Bastille, mais nous ne __________ pas où il est. Vous __________ nous aider, s'il vous plaît?
- Euh … Oui, attendez … Il __________ être là, à droite.

3. **avoir | dire | boire**

- Qu'est-ce que vous __________? Vous __________ encore soif? Mais vous avez déjà __________ un litre de jus de fruit!

4. **écrire | recevoir**

- Est-ce que tu __________ souvent des courriels de tes cousins de Bordeaux?
- Non, moi, j'__________ beaucoup de messages, mais ils ne répondent presque jamais.

Die Adjektive *beau, nouveau* und *vieux*

6 Bei dieser Übung kannst du nun alles anwenden, was du zu **beau**, **nouveau** und **vieux** sowie zur Stellung der Adjektive gelernt hast. Kreuze den richtigen Lösungsvorschlag an.

1. J'adore ce
   - ☐ brun bel acteur.
   - ☐ beau brun acteur.
   - ☐ bel acteur brun.
2. Le film raconte l'histoire d'un
   - ☐ vieil homme bizarre.
   - ☐ homme vieux bizarre.
   - ☐ vieux homme bizarre.
3. A la campagne, on a vu des
   - ☐ beaux blancs chevaux.
   - ☐ beaux chevaux blancs.
   - ☐ belles chevaux blancs.
4. J'ai acheté des
   - ☐ chaussures nouvelles blanches.
   - ☐ nouvelles blanches chaussures.
   - ☐ nouvelles chaussures blanches.
5. Zaz chante une
   - ☐ vieil chanson connue.
   - ☐ vieille chanson connue.
   - ☐ vieille connue chanson.
6. Julien est un
   - ☐ nouvel élève sympa.
   - ☐ nouvelle sympa élève.
   - ☐ nouveau élève sympa.

Wendungen

! Wie in jeder Sprache gibt es im Französischen typische Wendungen. Diese kann man nicht wörtlich übersetzen. Man sollte zunächst überlegen, welche Bedeutung hinter dem Ausdruck stecken kann und erst dann eine Entsprechung in der eigenen Sprache suchen.

1. *avoir des idées noires* (wortwörtlich übersetzt → schwarze Gedanken haben)
2. Möglicher Sinn → an etw. Düsteres, Trauriges, vielleicht Gruseliges denken
3. Richtig übersetzt → *trübsinnige/düstere Gedanken haben*

7 Übersetze ins Deutsche.

1. J'en ai marre.

___

2. A mon avis, c'est nul. Qu'est-ce que vous en pensez?

___

3. Je suis de ton avis. Ça ne me dit rien.

___

4. Qu'est-ce qui se passe? Tu es dans la lune. Tu as l'air fatigué.

___

___

5. Ne t'en fais pas.

___

6. C'est à qui? Ah, c'est ton tour. Vas-y!

___

7. Papa fait les courses et maman fait la cuisine.

___

Einen Text überprüfen

8 Alex und Jérôme haben ihrem deutschen Freund Benjamin eine Postkarte aus Arcachon geschickt. Hier findest du nun seine Antwort. Lies den Text gut durch. Er enthält ziemlich viele Fehler, sie sind rot markiert. Verbessere die fehlerhaften Stellen und schreibe den korrigierten Text auf die folgende Seite.

Chère Alex, cher Jérôme,

Je **pense vous** avez passé une semaine super! Vous **disez** que **vous avez m'envoyé** des **fotos** de vos **vacance**, mais je ne les ai pas **reçu**. C'est dommage. La région **de** Arcachon doit être très **bel**, surtout au **moi** de **juni**, quand il fait **beaux**. Le printemps, c'est la saison que je **préfére**. Moi aussi, **j'aimerai** bien partir au bord de la **mère**, mais **cette** été, nous ne **peuvons** pas: nous n'avons pas **assez de l'**argent parce que mon père a **du** acheter **une nouveau voiture**.

Je vais à la **picine tout** les jours, mais il y a **beaucoup du** monde. J'**essais** aussi d'**aprendre** à jouer **du** batterie. Mon voisin est prof de **music**.

Il me donne des **courts**, et moi, **je lui aide** à faire les courses. C'est un **vieille** homme un peu bizarre, mais quand on le **connait**, il est **interressant**.

Je lui aime bien.

Quand est-ce que vous venez **à** Allemagne? Bientôt, j'**espére**.

Bisous à Malou.
Benjamin

! Nach dem Verfassen eines Textes stelle dir immer folgende Fragen:

Stimmen Subjekte und Verben überein?
Stimmen Adjektive und Nomen überein?
Stimmen die Artikel, die Begleiter und die Objektpronomen?
Stimmt die Rechtschreibung?
Stimmen Apostrophe und Akzente?

Chère Alex, cher Jérôme,

Bisous à Malou.
Benjamin

Gefühle, Probleme, Lösungen

9 31

Höre dir die 6 Aussagen an. Markiere dann, was sie ausdrücken. Sprich anschließend die Sätze nach. Achte auf die Satzmelodie.

	1	2	3	4	5	6
Empörung						
Spaß						
Ratlosigkeit						
Ermutigung						
Zustimmung						
Missbilligung						

10

Arthur hat die Schule gewechselt und fühlt sich in seiner neuen Umgebung nicht wohl. Er ruft seinen Freund Damien an und spricht mit ihm über seine Probleme. Vervollständige den Dialog und verwende dazu die folgenden Elemente. Setze dabei die Verben und die Adjektive in die passende Form.

1. ~~je | **ne pas aller** | très bien~~
2. tous mes amis | **être** | loin, | alors | je | **être** | souvent | triste

3. tu | déjà **trouver** | **nouveau** | copains
4. je | **ne pas avoir** | beaucoup | amis
5. il y a | élèves | **ne pas être** | **sympa** | avec moi
6. je | **en avoir marre**, | je | **trouver** | ils | **être** | **nul**
7. je | leur | **raconter** | mes problèmes, | mais | ils | **ne pas** me **comprendre**
8. je | **être** | sûr | tu | **trouver** | une solution
9. si | ça | **ne pas aller**, | tu | **pouvoir** | toujours | me téléphoner

1. *Damien:* Allô … Ah, c'est toi, Arthur? Ça va?

Arthur: Bof … Non, je ne vais pas très bien.

Damien: Pourquoi? Qu'est-ce qui se passe?

2. *Arthur:* Eh bien, ______________________________

____

______________________________.

3. *Damien:* Mais, ______________________________

______________________________?

4. *Arthur:* Non, ______________________________

______________________________.

5. Ici, ______________________________

______________________________.

6. ______________________________

______________________________.

Damien: Tu as parlé de ça avec tes parents?

7. *Arthur:* Oui, ______________________________

____

______________________________.

8. *Damien:* Ne t'en fais pas, ______________________________

______________________________.

9. Et ______________________________

______________________________. D'accord?

Sprachmittlung

11 Während des Schuljahrs hat deine Klasse ein Zirkusprojekt erarbeitet. In der Schülerzeitung erschien darüber eine ausführliche Schilderung. Guillaume, dein Austauschschüler, ist sehr interessiert und du zeigst ihm stolz den Artikel. Leider sind Guillaumes Deutschkenntnisse beschränkt, sodass du ihm viele Fragen beantworten musst.
Gib die Informationen sinngemäß wieder.

Zirkusprojekt „Colourful life"

Seit 15 Jahren wird an unserer Schule ein Zirkusprojekt durchgeführt. Vier Monate lang erarbeiten die SchülerInnen Nummern, die am Ende einem kritischen Publikum vorgeführt werden.

In diesem Jahr waren wir, die Klassen 7a und 7b, an der Reihe. Von Beginn an übten alle mit viel Spaß und Freude. Es war einfach toll, anstatt im Unterricht zu laufen, zu schwimmen oder Fußball zu spielen, spannende Kunststücke auszuprobieren. Es war aber auch schwierig: Manchmal wollte das Jonglieren oder Balancieren gar nicht gelingen. Zum Glück hatten wir zwei tolle „Zirkuslehrer": Martin und Laura von der 11b. Sie haben uns immer wieder aufgemuntert und zum Üben motiviert.

Die mit Spannung erwartete Aufführung „Colourful life" war ein Riesenerfolg. Das zahlreich erschienene Publikum wurde mit atemberaubender Akrobatik und einer fantastischen Geschichte verzaubert. Der Vampir Grey hat alle Farben aus der Welt weggenommen. Drei Kinder machen sich nun auf die Suche nach Grey, um die Farben wiederzufinden. Natürlich endet alles gut. Die Darbietung hat allen sehr viel Spaß gemacht.

Guillaume: Vous avez fait un projet «Cirque» dans ton école? C'est super! Vous faites ça pour la première fois?

Du: ______________________________

____

____

Guillaume: Vous avez préparé ça pendant toute l'année?

Du: ______________________________

____

____

Guillaume: Et … toute l'école a participé?

Du: ______________________________

____

____

Guillaume: Qu'est-ce que vous avez trouvé difficile?

Du: ______________________________

____

____

Guillaume: Et à la fin, vous avez fait un spectacle. Beaucoup de monde est venu le voir?

Du: ______________________________

____

____

Guillaume: Pourquoi ça s'appelle «Colourful life»? Qu'est-ce que ça raconte?

Du: ______________________________

____

____

Unité 8
C'était chouette!

Imparfait und *Passé composé*

Das **Imparfait** beschreibt **Zustände** und **gewohnheitsmäßige Handlungen** in der Vergangenheit.
Quand j'étais enfant, ma famille habitait à Arcachon. J'adorais cette ville. Tous les dimanches, on allait à la plage.
Als ich ein Kind war, wohnte meine Familie in Arcachon. Ich mochte diese Stadt sehr gerne. Jeden Sonntag gingen wir zum Strand.

Das **Passé composé** …	Das **Imparfait** …
… gibt den **Vordergrund** wieder: einmalige, neu einsetzende oder aufeinanderfolgende Handlungen. (**Frage:** Was geschah? Und dann?) **Oft gibt es folgende Signalwörter:** tout à coup, un jour, d'abord, puis, après, alors, enfin …	… beschreibt den **Hintergrund**: Zustände, Begleitumstände, Kommentare. (**Frage**: Was war schon? Wie war es?) **Oft gibt es folgende Signalwörter:** souvent, d'habitude, comme toujours, tous les jours …

1 Setze die Sätze in die Vergangenheit.

a Unterscheide hier zwischen Hauptereignissen (**Passé composé**) und Hintergrundinformationen (**Imparfait**).

1. Marie ne vient pas à la fête parce qu'elle est malade.

____

2. D'abord, nous faisons l'atelier astronomie. C'est chouette.
   Puis, pendant l'atelier photos, nous faisons des photos.
   Le soleil brille, c'est super!

____

____

b Unterscheide hier zwischen bereits ablaufenden Handlungen (**Imparfait**) und neu eintretenden Ereignissen (**Passé composé**).

3. Je regarde un film captivant au cinéma, quand, tout à coup, mon portable sonne et tout le monde me regarde!

____

____

4. Tous les lundis, mon frère joue au foot. Un jour, il a un problème avec son équipe, alors, il commence le karaté.

____

____

2

Unterstreiche die richtige Verbform.

Lucie: Qu'est-ce que tu **faisais | as fait** hier?

Bachir: Je **participais | J'ai participé** à l'atelier hip-hop. C'**était | Ça a été** génial! Il y **avait | a eu** beaucoup de jeunes qui **savaient | ont su** déjà bien danser, mais pas moi! Le soir, on **était | a été** morts, mais contents.
A la fin, on **faisait | a fait** un spectacle. Tous nos amis **étaient | ont été** dans la salle. Et toi? Tu **faisais | as fait** l'atelier astronomie?

Lucie: Oui, on **avait | a eu** un cours d'astronomie, puis, à 18 heures, nous **sortions | sommes sortis** dans le parc. Les étoiles **brillaient | ont brillé**, c'**était | ça a été** très beau. Mais tout à coup, il y **avait | a eu** un orage et nous **rentrions | sommes rentrés** très vite.
Et écoute bien: je **perdais | j'ai perdu** une chaussure!

Das Verb *rire*

je ri**s**, tu ri**s**, il/elle/on ri**t**
nous ri**ons**, vous ri**ez**, ils/elles ri**ent**

Passé composé: j'ai **ri**

Achte auf das doppelte **i** im **Imparfait** bei **nous** und **vous**.
je ri**ais**, tu ri**ais**, il ri**ait**
nous ri**ions**, vous ri**iez**, ils/elles ri**aient**

3 Fülle das Gitter mit Formen von **rire** und den Personalpronomen (**Präsens**, **Passé composé**, **Imparfait** oder **Imperativ**).

t							l	s					
j'		i				v			s				
o				a					l				
v		u			i								!

4 Vervollständige das Raster.

Infinitiv	rire	dire	écrire
Präsens	il ______ elles ______	nous ______ vous ______	tu ______ nous ______
Imparfait	nous ______ ils ______	je ______ vous ______	j'______ elles ______
Passé composé	j'______	elles ______	tu ______

Das Verb *croire*

	Präsens	Imparfait
Singular	je croi**s**, tu croi**s** il/elle/on croi**t**	je cro**yais**, tu cro**yais** il/elle/on cro**yait**
Plural	nous cro**yons** vous cro**yez** ils/elles croi**ent**	nous cro**yions** vous cro**yiez** ils/elles cro**yaient**
Passé composé	j'ai **cru**	

5 Trage die gesuchten Verbformen ins Gitter ein.

1. Imparfait, *nous*
2. Präsens, *vous*
3. Präsens, *ils/elles*
4. Passé composé, *j'ai …*
5. Imparfait, *ils/elles*
6. Präsens, *il/elle/on*
7. Präsens, *je*
8. Präsens, *tu*

Die Verneinung mit *ne ... personne*

Das weißt du schon: Die **Verneinung** besteht aus **zwei Wörtern**, die das konjugierte Verb einrahmen.
Je **ne** mange **pas**. Ils **n'**ont **rien** mangé. Tu **ne** veux **rien** manger?

Bei **ne ... personne** aber steht das zweite Verneinungswort **personne** nach dem **Participe passé** und nach dem **Infinitiv**.
Je **ne** vois **personne**. Ils **n'**ont vu **personne**. Nous **ne** voulons voir **personne**.

6 Bringe die Satzbausteine in die richtige Reihenfolge.

1. Je | depuis | rien | ce | n'ai | matin. | mangé

____

2. jamais | ne | profs | nous | Nos | comprendre. | veulent

____

____

3. n' | personne. | rencontré | avons | Nous

____

4. rien | à | ne | maman. | faut | Il | dire

____

5. coca? | que | Tu | bouteilles | n'as | de | deux | acheté

____

____

6. Elle | personne. | veut | écouter | ne

____

7. Je | rien | personne. | acheté | ne | je | parce que | inviter | n'ai | vais

____

____

Wortdefinitionen

7 Bilde Wörter, die zu den Definitionen passen. Es bleiben 3 Wortteile übrig, die dir verraten, was Moustique sagt.

bi | cha | chou | en | eux | frir | kif | nuy | pê | toi

che | é | ette | fer | grin | les | of | zar

1. Faire un cadeau à qn =
   ____________ qc à qn

2. Etre malheureux parce qu'on aime qn qui ne nous aime pas =
   avoir un ____________ d'amour

3. Trouver qn vraiment super (langue des jeunes) =
   ____________ qn

4. Etre super =
   être ____________

5. Etre bizarre (langue des jeunes) =
   être ____________

6. Etre en forme et content =
   avoir la ____________

7. On ne les voit briller que la nuit =
   les ____________

Tu aimes le cours de judo?
Moi, je le trouve ____________.

Hören und verstehen

8 32

Höre dir an, was Elodie über ihren Urlaub erzählt. Beantworte dann die Fragen.

1. Nenne drei Gründe, weshalb Elodie die Ferien nicht gerne bei ihren Großeltern verbrachte.

   ____

2. Bei wem wohnt Mario und warum?

   ____

3. Was hat er Elodie beigebracht?

   ____

4. Warum möchte Elodie die kommenden Ferien sehr gerne bei den Großeltern verbringen?

   ____

Hören und nachsprechen

9 33

Höre dir die Sätze einzeln an. Sprich sie nach und achte dabei besonders auf den Tonfall.

1. Allô, c'est toi, Grégoire? Je croyais que tu étais en voyage!
2. Ça y est! Ce cours ennuyeux est fini, enfin!
3. Hier soir, on ne voyait pas les étoiles. Il y avait trop de nuages. Quel dommage!
4. L'atelier astronomie, c'était le pied! J'ai vraiment kiffé!
5. Vous voulez avoir la moyenne? Alors, essayez de travailler!
6. N'importe quoi! Ce film n'était pas ennuyeux … C'était chouette!
7. Eh bien, tu avais la pêche, hier, sur le trampoline!

Hören und schreiben

10 Höre dir den Text an und ergänze die unvollständige Mitschrift.

34

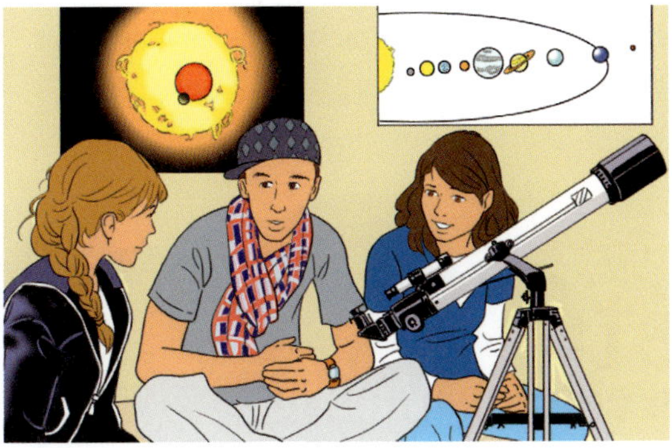

Au collège, on ______________ ______________

une semaine ______________ . C'était ______________ !

Moi, ______________ ______________ ______________

l'atelier ______________ . C'était ______________ .

Il faisait très beau, la ______________ et les ______________

______________ . Mon ______________ Louise a ______________

à l'atelier photos, mais elle a trouvé ça ______________ . Il faut dire

______________ ______________ ______________

un peu ______________ , cette semaine. Je ______________

qu'elle a un ______________ ______________

______________ .

Informationen entnehmen

11 Die Schüler des *Collège Maurice Ravel* haben während der Projektwoche intensiv gearbeitet. Am Ende veranstalten sie ein großes Fest, um die Ergebnisse ihrer Aktivitäten zu präsentieren. Hier siehst du das Plakat mit den einzelnen Programmpunkten.

a Lies es aufmerksam durch.

Fête d'été
au collège Maurice Ravel

Le samedi 24 juin de 14 heures à 18 heures
dans la cour de récréation
(ou dans le gymnase en cas de mauvais temps)

Le collège Maurice Ravel invite tous les élèves, leurs familles et leurs amis à une grande fête.

14 heures
Présentation de karaté

Concentration, harmonie, énergie! Venez admirer les Tigres Karatékas dans une choré-graphie digne des films de karaté.

15 h 30
Arts du cirque

Des jongleurs, des acrobates, des clowns … et même des animaux! Boléro Circus, la troupe de l'atelier Arts du cirque, vous transporte dans l'univers magique des gens du cirque.

17 heures
Hip-hop

De la joie, du rythme, des figures extraordinaires! DJ Momo et les Moonlight Dancers vous présentent un spectacle plein de vie et de couleurs.

…t l'après-midi >>> Tout l'après-midi >>> Tout l'après-midi >>> Tout l'après-m…

Atelier «Cuisines d'Europe» Tapas, pizzas, crêpes ou «Maultaschen» … Partez pour un tour d'Europe gastronomique, sans quitter le collège!

Expo photo Découvrez l'exposition de l'atelier photo: «Le quartier comme vous ne l'avez jamais vu».

b Beantworte die Fragen.

1. Wo findet die Veranstaltung statt, falls es regnen sollte?

___

2. Welche Artisten gehören zur Truppe Boléro Circus?

___

3. Wie heißt die Gruppe, die um 17 Uhr auftritt? Was bietet sie dar?

___

4. Welche kulinarische Spezialitäten kann man beim Fest probieren?

___

5. Was hat die Foto-Gruppe während der Projektwoche durchgeführt?

___

Unité 1

1

				J	E		S	A	I	S					
N	O	U	S		S	A	V	O	N	S					
									T	U		S	A	I	S
	V	O	U	S		S	A	V	E	Z					
				S	A	V	O	I	R						
								O	N		S	A	I	T	
		I	L	S		S	A	V	E	N	T				
	E	L	L	E		S	A	I	T						

2

1. S'il vous plaît, madame, vous — **c. savez où est la poste?**
2. Mehdi et Alex — **a. savent faire du roller.**
3. Tu cherches Léo? Nous — **b. savons où il est.**

3

1. Léo **connaît** un restaurant super dans le quartier.
2. Les professeurs ne **connaissent** pas leurs élèves.
3. Nous ne **connaissons** pas notre emploi du temps.

4

1. – Vous **savez** où est le cours de français?
   – Oui, dans la salle 18. Tu **sais** où c'est?
   – Non, je ne **connais** pas bien le collège.
2. – Pardon, madame, est-ce que vous **connaissez** la rue Truffaut?
   – Oui! Je **sais** où c'est. Je **connais** bien la ville.

5

1. Tu aimes **quels** films?
2. **Quels** / **Quel** cours est-ce que tu n'aimes pas?
3. Tu sais toujours à **quelle** heure tu as cours?
4. Tu fais **quelles** activités le soir?
5. Tu aimes **quels** jours de la semaine?

6

1. – En Allemagne, **tu connais quelles** villes?
2. – **Tu fais quelles** activités?
3. – **Tu es dans quelle** classe?

7

1. Wie viel Uhr ist es? | 2. Wie alt bist du?
3. In welchem Jahr bist du geboren? | 4. Wie ist das Wetter?

8

Paris est une ville **où** il y a beaucoup de monuments intéressants.
Paris est une ville **qui** est fantastique! Paris est une ville **qu'**on trouve super!
Paris est une ville **que** j'adore!

9

2. C'est une fille **que** Marie aime bien. → **Alex**
3. C'est la salle **où** les élèves mangent. → la **cantine**
4. C'est une femme **qui** joue dans des films.→ une **actrice**
5. C'est la ville **où** Léo habite. → **Paris**
6. C'est un enfant **qui** va à l'école. → un **élève**
7. C'est quelque chose **qu'**on met sur la tête. → un **chapeau**

Lösungswort: **rentrée**

10

1. Julien est un garcon **qui** a l'air timide.
2. Les élèves arrivent dans la salle 18 **où** ils ont cours.
3. Un anorak, c'est un vêtement **qu'**on met quand il fait froid.
4. Dans ma classe, il y a deux nouveaux **qui** sont de Lyon.

11

1. **Ce** stylo est pratique.
2. **Cet** avion n'est pas cher.
3. Regardez **ces** livres!
4. **Cette** histoire est fantastique.
5. Vous voulez acheter **ces** choses?
6. Il s'appelle Malabar? J'adore **ce** chien!
7. **Cette** année, j'ai beaucoup de clients.

12

1. Aujourd'hui, c'est la **rentrée**. Les **élèves** cherchent leur nom sur les **listes**.
2. Mehdi est en **cinquième** B. Dans sa **classe**, il y a un **nouveau** et une **nouvelle**.
3. Ma sœur est en **troisième** au **collège** Balzac. Elle **travaille** bien et elle a des bons **résultats**.
4. Une **boulette** de **papier** tombe sur la table de Léo. Il lit: «A 11 heures, on n'a pas **cours** d'anglais. On retrouve Marie dans la **cour**, d'accord?»

13

1. Je vais bien, je suis en **forme**.
2. Il ne parle pas beaucoup, le nouveau. Il est **timide**, ou quoi?
3. Ah, c'est une **blague**? Eh bien, elle n'est pas **drôle**!
4. Zut, zut et zut! Je suis en **colère**.
5. Tu n'es pas dans la classe de Marie? Zut! Ça, c'est **bête**.
6. Tu as un problème, Léo? Tu as l'air **triste**.

14

1. **Je n'ai pas compris**, tu peux répéter, s'il te plaît?
2. Ma sœur prend toujours mes affaires, **ça m'énerve**!
3. Aller au cinéma ce soir? Non, il y a une interro demain, **ce n'est pas possible**.

15

1. Moi, comme prof, j'ai un **homme** de 30 ou 35 ans qui a les cheveux **bruns**. Il est **grand**. Il porte une chemise **bleue** et une veste **marron**. Il **a l'air** sympa, je trouve. Il **ressemble** à mon père!
2. Nous, dans notre classe, on a une **femme**. Elle a les **yeux** bleus et les cheveux **roux**. Elle a l'air **sympa**. Elle est très **jolie**, elle ressemble **à** une **star** de cinéma.

16

a

1

1. Regardez, là, le garçon qui porte un t-shirt bleu, un pantalon gris, des baskets … C'est Thomas! C'est un garçon qui est très sympa! On ne voit pas bien *(man sieht nicht gut)* sur la photo, mais il a les yeux verts. Bon, il est un peu timide, mais très cool. (Bild **b**)
2. La fille qui porte un t-shirt vert et un jean, c'est Laura. Elle a aussi des chaussures de sport. Regardez, elle a les cheveux longs. Elle est rousse. Elle est très jolie, non? C'est une fille que j'adore! (Bild **a**)
3. À côté, c'est Hugo. Il ressemble à Thomas, hein? C'est normal, c'est son frère! Il a les cheveux bruns aussi. Là, il porte un t-shirt jaune. Il adore les couleurs: jaune, rouge, vert! Mais il n'est pas en 5e, il est déjà en 3e. (Bild **e**)

b *Lösungsvorschlag*

Entre Thomas et Hugo, il y a Théo (Bild **c**) et Julie (Bild **d**). Théo est grand. Il a les cheveux blonds. Il porte un t-shirt bleu, un jean et des chaussures marron. Il porte aussi un sac rouge. Julie est petite. Elle a les cheveux bruns. Elle porte un t-shirt gris, un jean et des petites chaussures grises. Elle porte aussi un cahier bleu.

17

2
1. Nous savons faire ces exercices.
2. Ils connaissent cette actrice.
3. C'est une fille qu'il aime beaucoup.
4. Il a les yeux bleus.
5. Ces élèves travaillent bien.

18

3
Mehdi: Regarde **cet** élève. Tu **sais** qui **c'est**?
Alex: Oui, je **connais** ce garçon, c'est Julien, un **nouveau**. Il est en **cinquième** A, comme moi.
Mehdi: Il **a l'air** un peu bizarre, non?
Alex: Non, il est **timide** parce qu'il ne **connaît** pas les autres élèves, mais il est sympa. Il raconte des **histoires** très **drôles**.
Mehdi: Lui? Pas **possible**!

19

France 2 | Freitag, 22. April | 20.30 Uhr | Dein Name – Liebeskomödie.

Adrien, ein junger Musiklehrer, verbringt seine Ferien in den Alpen. Bei einer Wanderung stürzt er auf den Kopf und verliert das Gedächtnis. Er weiß nichts mehr, nicht einmal mehr seinen Namen. Es schneit. Er friert. Er marschiert geradeaus und kommt zu einem Dorf. Er begegnet Marine, einer jungen Frau, die ihn mit nach Hause nimmt. Auf dem Tisch findet er eine Geige und er beginnt zu spielen: Das Einzige, was er noch kennt, ist die Musik. Marine ist fasziniert. Sie verliebt sich und beschließt, ihn für immer bei sich zu behalten. Doch er möchte seine Identität wiederfinden …

1. Um einen Liebesfilm.
2. Er kann sich nicht mal mehr an seinen Namen erinnern.
3. Er fängt an, Geige zu spielen.
4. Adrien für immer bei sich behalten.

Unité 2

1

1. Je ne **vois** pas Julien. Il est où?
2. Où est l'escalier? Nous ne **voyons** rien.
3. Tu as **vu** un vampire? Pas possible!
4. Tu **vois**, ce n'est pas dangereux.
5. Qu'est-ce que vous **voyez**?
6. Dans les catacombes, les élèves **voient** des crânes.
7. On ne **voit** pas bien dans le noir.

Lösungswort: **souvent**

2

1. Nous **avons visité** les catacombes.
2. Le professeur **a expliqué** la leçon aux élèves.
3. Je **n'ai pas oublié** le jus d'orange.
4. Elles **n'ont plus pensé** à l'heure du train.
5. Est-ce que vous **avez fait** vos devoirs?

3

	Infinitiv	*Participe passé*		*Infinitiv*	*Participe passé*
1.	connaître	**connu**	7.	mettre	**mis**
2.	comprendre	**compris**	8.	savoir	**su**
3.	écrire	**écrit**	9.	prendre	**pris**
4.	faire	**fait**	10.	voir	**vu**
5.	ouvrir	**ouvert**	11.	avoir	**eu**
6.	pleuvoir	**plu**	12.	lire	**lu**

4

1. Nous avons **connu** M. Müller à Cologne.
2. Tu peux répéter? Je n'ai pas **compris**.
3. Où est-ce que tu as **mis** mon DVD?
4. Elle a **pris** le bus de 9 h 45.
5. Mehdi, Julien! Vous avez **ouvert** vos cahiers?

5

Alex: Alors, Léo, tu **as su** faire l'interro?
Léo: Non! J'**ai lu** le texte, mais je **n'ai pas compris**!
Alex: Ah, zut! Et qu'est-ce que tu **as fait**?
Léo: J'**ai pris** mon portable, et j'**ai écrit** des SMS à mes copains.
Alex: Et le prof? Tu **n'as pas eu** peur?
Léo: Le prof? Il **n'a pas vu** mon portable. J'**ai ouvert** un cahier, et j'**ai mis** mon portable sous le cahier.

6

4

1. Ce souterrain a l'air **dangereux**. Moi, je ne descends pas! *(Maskulin Singular)*
2. Alex et Mehdi sont **curieux**: ils ouvrent une grille. *(Maskulin Plural)*
3. On raconte des histoires **mystérieuses** sur les catacombes. *(Feminin Plural)*
4. Julien a des idées noires. Il a l'air triste et **malheureux**. *(Maskulin Singular)*
5. Marie n'a pas peur dans les couloirs sombres, elle est très **courageuse**! *(Feminin Singular)*

7

1. nous avons **perdu**
2. ils **attendent**
3. tu **entends**
4. nous **descendons**
5. j'ai **entendu**
6. vous **répondez**
7. j'**attends**
8. il **perd**
9. elles **répondent**

Lösungswort: **descendre**

8

1. a Nous ne répondons pas parce que nous **ne comprenons pas** la question.
   b Nous n'avons pas répondu parce que nous **n'avons pas compris** la question.
2. a Marie et Alex **n'attendent pas** Léo parce qu'elles **prennent** le train de 13 h 20.
   b Marie et Alex **n'ont pas attendu** Léo parce qu'**elles ont pris** le train de 13 h 20.
3. a Vous **comprenez**? Nous, nous **n'entendons pas** bien.
   b Vous **avez compris**? Nous, nous **n'avons pas** bien **entendu**.

9

1. – (Est-ce que) vous prenez le train à 14 heures?
   – Non, on attend / nous attendons Marie.
   On prend / Nous prenons le train à 15 heures.
2. – Zut! J'ai perdu mon portable.
   – Je ne comprends pas. Tu perds toujours tes affaires.

10

1. Tu **ouvres** la fenêtre, s'il te plaît?
2. **Ouvrez** vos cahiers, s'il vous plaît.
3. Nous avons **ouvert** la porte.

11

5

appe**l**er | j'appe**ll**e | tu appe**ll**es | il appe**ll**e | nous appe**l**ons | vous appe**l**ez | ils appe**ll**ent | nous avons appe**l**é

12

Aujourd'hui, les élèves visitent les **catacombes**. Ils descendent un **escalier** et arrivent dans un souterrain où il fait **sombre**. C'est un endroit très **mystérieux**. Dans les **couloirs**, il y a des milliers de **crânes**. Mais Julien n'a pas envie d'écouter le **guide**. Il cherche une **sortie**. Il voit une grille, mais elle est **fermée**. Zut! Qu'est-ce qu'il va faire, maintenant? Il a perdu son **groupe**.

Lösungswort: **Vladimir**

13

1. Magalie est triste. **Elle a des idées noires.**
2. J'ai trop de devoirs. **J'en ai marre.**
3. Cet exercice, je trouve **qu'il est nul.**
4. Et toi, **qu'est-ce que tu en penses?**
5. Je trouve ça **intéressant**.
6. Je pense que **c'est une bonne idée.**
7. Julien trouve **que Marie est très jolie.**
8. Comment est-ce que **tu trouves Marie?**

14

- Julien, tu n'as pas **entendu** le **téléphone**?
- Si, papa.
- Alors, pourquoi tu ne **réponds** pas?
- Je suis à l'**ordinateur**. Je **chatte** avec mes amis.
- Encore! C'est vraiment intéressant, ces **discussions** sur **Internet**?
- Mais oui. Les copains **expliquent** leurs problèmes, et nous discutons ensemble. Bon, qui a **appelé**?
- C'est ta grand-mère.
- D'accord, je **rappelle** dans dix minutes.

15

zuerst | dann | in diesem Augenblick | plötzlich | schließlich

16

1. Demain, c'est mon anniversaire, j'ai **presque** 13 ans!
2. Je vais à la piscine **une fois** par semaine, le samedi.
3. J'en ai marre! Qu'est-ce qu'ils ont **contre** moi?
4. **A propos de** mangas, tu connais la BD «Catacombes»?
5. Je n'ai pas vu Marie **depuis** jeudi.
6. Ma mère fait **souvent** des crêpes parce que j'adore ça.
7. **Quelqu'un** a oublié sa casquette dans la classe. Elle est à qui?
8. Mon frère part en vacances seul, **sans** les parents.

17

6

Alex va au cinéma avec son frère Jérôme. Ils vont voir un film de vampires. Jérôme aime beaucoup le film. Il adore les histoires mystérieuses. Alex est une fille courageuse, mais quand elle voit le vampire, elle a peur! Il a l'air dangereux! Elle prend le bras du garçon qui est à côté. Le garçon ne comprend pas. Pourquoi est-ce que cette fille prend son bras? Alors, Alex lui dit: «Oh, désolée! Tu penses que je suis bête, non? Tu as raison. Ce n'est pas un vampire, c'est un acteur!»

1. Alex und ihr Bruder. | 2. Ja, er liebt geheimnisvolle Geschichten.
3. Sie nimmt den Arm ihres Nachbarn. | 4. Er versteht nicht.

18 *Versuche jetzt, den Dialog nachzusprechen, ohne die Mitschrift zu lesen.*

7

19 Hier, nous avons **visité** les **catacombes**. C'est un endroit très **mystérieux** où il y a des **milliers** de **crânes**. Moi, j'ai été **courageuse**, mais mon petit frère a eu **peur**. Ce n'est pas **dangereux**, mais les **couloirs** sont très **sombres**. Nous, on a **pris** un guide. Je suis **curieuse** et il a **répondu** à mes questions. Il a **expliqué** beaucoup de choses. **Sans** guide, on ne **comprend** pas tout.

8

20 *Öffnungszeiten und Adresse*

Geöffnet Dienstag bis Sonntag von 10 bis 17 Uhr.
Letzter Einlass um 16 Uhr.
1, avenue du colonel Henri Rol-Tanguy, 75014 Paris.
Metro- und RER-Station Denfert-Rochereau.

Eintrittspreise

Voller Eintrittspreis: 8 €.
Ermäßigter Eintrittspreis: 6 € (Lehrer, kinderreiche Familien, Personen über 60). Freier Eintritt für Kinder unter 14 Jahren.
Gruppen (mindestens 10 Personen / höchstens 20 Personen), ausschließlich vormittags. Reservierung erforderlich unter 01.44.59.58.31.

Besichtigungsgegebenheiten

Strecke: 2 km. Dauer: 45 Minuten. Temperatur: 14°C.
130 Stufen abwärts, 83 Stufen aufwärts.
Audioführer: 3 € (30 Minuten Kommentar). Auf Englisch, Französisch oder Spanisch.
Achtung: In den Katakomben gibt es weder Toiletten noch Garderoben.

1. Montags um 14 Uhr.
2. 20 €. (Lehrer: 6 € + Großvater über 60: 6 € + Großmutter ohne Ermäßigung: 8 € + Sohn unter 14 Jahre: 0 €).
3. Es muss eine Gruppe zwischen 10 und 20 Personen sein.
4. Nein.

Plattform 1

1

a – Tu connais **cet** élève?
– **Quel** élève?
– **Ce** garçon, là-bas. Il est dans **quelle** classe?
– Ah, c'est Julien, il est en 5^{e}A.

b – **Cette** interro d'allemand, **quelle** catastrophe! Je n'ai pas fait les exercices.
– **Quels** exercices?
– Le numéro 2 et le numéro 3.

2

1. – C'est **le** chien de Marie?
– **Quel** chien?
– **Ce** petit chien blanc.
– Oui, c'est **son** chien, Moustique.
2. – Je pense que c'est **la** femme de Paul.
– **Quelle** femme?
– **Cette** femme, là-bas.
– Oui, c'est **sa** femme.
3. – Marie, ce sont **tes** affaires, là?
– **Quelles** affaires?
– **Ces** affaires.
– Non, ça, c'est à Gabriel: ce sont **ses** affaires.
4. – Regarde: c'est **l'**appartement des Girard, non?
– **Quel** appartement?
– **Cet** appartement.
– Ah oui, c'est **leur** appartement.

3

1. C'est qui, la fille **que** Julien trouve jolie? →C'est **Marie**. (Bild **c**)
2. Tu connais la ville **où** Marie habite? → C'est **Paris**. (Bild **d**)
3. Qui est le chien **qui** aime la musique, **qui** fait de la gymnastique et **que** tout le monde trouve fantastique? → C'est **Moustique**. (Bild **b**)
4. Dans le collège **où** Marie va, il y a un garçon **qui** est champion de natation. C'est un garçon **que** tu connais. C'est qui? → C'est **Mehdi**. (Bild **a**)

4

Infinitiv	*je/j'*	*tu*	*il/elle/on*	*nous*	*vous*	*ils/elles*
écrire	écris	écris	écrit	écrivons	écrivez	écrivent
prendre	prends	prends	prend	prenons	prenez	prennent
savoir	sais	sais	sait	savons	savez	savent
ouvrir	ouvre	ouvres	ouvre	ouvrons	ouvrez	ouvrent
mettre	mets	mets	met	mettons	mettez	mettent
lire	lis	lis	lit	lisons	lisez	lisent
connaître	connais	connais	connaît	connaissons	connaissez	connaissent
faire	fais	fais	fait	faisons	faites	font
voir	vois	vois	voit	voyons	voyez	voient
aller	vais	vas	va	allons	allez	vont
avoir	ai	as	a	avons	avez	ont
être	suis	es	est	sommes	êtes	sont

5

1. **a** appelle — **b** a appelé
2. **a** ne comprennent pas — **b** n'ont pas compris
3. **a** ne voyons pas — **b** n'avons pas vu
4. **a** écrivent — **b** ont écrit
5. **a** ne savent pas — **b** n'ont pas su
6. **a** commençons — **b** avons commencé
7. **a** faites — **b** avez fait

6

1. – Regardez, le bus arrive.
   – **Enfin**! On attend **depuis** 20 minutes.
2. – Tu fais **souvent** du sport?
   – Oui, je vais au cours de judo trois **fois** par semaine.
3. – L'entrée des catacombes, c'est ici?
   – Non, c'est **là-bas**, **à côté** de la station de métro.
4. **Quand** Julien a visité les catacombes, il a perdu son groupe.
   Tout à coup, il a entendu un bruit **derrière** une grille. Il a eu un peu peur.

7

1. – Pardon, vous **savez** où est le métro?
   – Non, désolée. Je ne **connais** pas très bien Paris.
2. – Léo, **regarde**! Tu **vois** ces crânes, là-bas?
   – Où? Je ne **vois** rien, c'est trop sombre, ici.
3. – Vous n'**écoutez** jamais quand j'explique la leçon.
   – Mais si, monsieur. On **écoute**, mais on n'a pas **entendu**, il y a trop de bruit.

8

a
1. heureuse
2. une sortie
3. descendre
4. perdre
5. fatigué
6. un homme
7. triste
8. fermé
9. contre
10. ici

b **milliers**

9

Lösungsvorschläge

Je m'appelle Niklas Ebert. J'ai 14 ans. J'ai les yeux gris et les cheveux roux. Je n'aime pas les maths. Je n'aime pas les chiens. Mais j'aime le rap et le football. Surtout, j'adore les voyages. Mais je n'ai jamais été en France. Plus tard, je voudrais être acteur.

Mon nom, c'est Laura, Laura Keller. J'ai 13 ans. J'ai les yeux bleus et je suis blonde. Je n'aime pas les musées. Je déteste les mangas et les histoires avec des vampires. J'aime la guitare et le sport, surtout la natation. Je connais déjà la France. J'ai deux cousins qui habitent à Toulouse. Plus tard, je voudrais travailler avec des enfants.

10

Lösungsvorschlag

M. Pirou: Il y a **un escalier et des souterrains.**

M. Pirou: Non, ce **n'est pas possible. On n'a pas trouvé de crânes, mais ce sont peut-être des égouts.**

M. Pirou: On ne visite pas parce que c'est **trop dangereux. Il y a des pierres dans l'escalier et des souris dans les couloirs.**

M. Pirou: Viens avec moi, Léo. Dans **la cour, il y a une grille. Là, on voit un peu le souterrain.**

Unité 3

1

Infinitiv	**vouloir**	pouvoir
je	veux	**peux**
tu	**veux**	**peux**
il/elle/on	**veut**	peut
nous	voulons	**pouvons**
vous	**voulez**	pouvez
ils/elles	**veulent**	**peuvent**
Participe passé	voulu	**pu**

2

1. Quand on **veut**, on **peut**!
2. – Qu'est-ce que ça **veut** dire, «longtemps»?
   – Euh … Vous **pouvez** regarder dans la liste des mots!
3. –Tu **peux** aider ta sœur, s'il te plaît?
   – D'accord, je **veux** bien.
4. Nous **ne pouvons pas** aller au cinéma, nos parents **ne veulent pas**.

3

1. – Tu veux faire du roller?
   – Aujourd'hui, je ne **peux** pas, je travaille pour l'école.
2. – Tu **sais** nager?
   – Oui, j'ai appris dans un club de natation.
3. – Hier, Sacha n'**a pas pu** aller à la piscine.
   – Je **sais**. Il a préparé l'interro d'anglais.

4

			1 →	V	I	E	N	S		
		2 →	V	E	N	O	N	S		
				3 →	V	E	N	E	Z	
			4 →	V	I	E	N	S		
5 →	V	I	E	N	T					
		6 →	V	I	E	N	N	E	N	T

Lösungswort: **invite**

5

aller | arriver | descendre | monter | entrer | rentrer | venir | revenir | retourner | rester | tomber

6

1. Anna	**d. est tombée dans l'escalier.**
2. Marie et Mehdi	**a. sont entrés dans la salle 18.**
3. Paul	**b. est allé au CDI.**
4. Sophie et sa copine	**c. sont arrivées en retard.**

7

1. Marie et son frère sont **rentrés** à la maison.
2. Les deux amies sont **descendues** dans la cour.
3. Clara n'est pas **revenue** du collège.
4. Léo et son père sont **retournés** en Allemagne.

8

1. Hier, Marie, Léo et moi, nous **sommes allés** à la tour Eiffel.
2. Marie et Léo **sont montés** sur la tour Eiffel.
3. Mais moi, je **ne suis pas montée**.
4. Après, Léo **est rentré** à la maison en métro.
5. Marie et moi, nous **sommes montées** dans un bus.
6. Nous **sommes descendues** du bus à la station Châtelet.
7. Quand Marie **est descendue**, son portable **est tombé** dans la rue.
8. Quelle catastrophe: une voiture **est arrivée**!

9

Léo: Qu'est-ce que tu **as fait**, hier?
Alex: Je **suis allée** à mon cours de judo et après, je **suis retournée** à la maison. Et toi?
Léo: Je **suis resté** chez moi. Marie et Mehdi **sont venus** à 4 heures. On **a regardé** un film, puis on **a appris** nos leçons ensemble.
Alex: Et après? Tu n'**es pas allé** chez Julien?
Léo: Non, je n'**ai pas pu**. Mon père **est revenu** de Cologne, et il **a voulu** parler avec moi …
Alex: Pourquoi?
Léo: J'**ai eu** des mauvaises notes en maths …

10

1. Je propose	**d. de faire des crêpes.**
2. Vous êtes d'accord pour	**g. aller au cinéma?**
3. Bof! Le foot,	**h. ce n'est pas mon truc.**
4. Moi, j'aimerais	**b. mieux aller à la piscine.**
5. On se retrouve à	**i. cinq heures, chez Marie?**
6. Tu as raison, c'est	**a. une bonne idée.**
7. Je n'ai pas trop	**f. envie de travailler.**
8. Ça, vraiment, ça	**j. ne me dit rien.**
9. On peut faire les devoirs	**e. ensemble, si tu veux.**
10. Oui, merci, je	**c. veux bien.**

11

1. la géographie
2. le professeur, la professeure
3. un ordinateur
4. une interrogation
5. la récréation
6. la permanence
7. les mathématiques

12

1. Sacha n'a pas bien appris sa **leçon**, alors il a eu une mauvaise **note**.
2. Julien note ses devoirs dans son **cahier** de **textes**.
3. Les professeurs écrivent les messages pour les parents dans le **carnet** de **correspondance**.
4. A la fin du **trimestre**, les parents peuvent voir le **bulletin** scolaire de leurs enfants.
5. Quand ils n'ont pas cours, les élèves vont en **permanence** avec un **surveillant**.
6. Marie et Mehdi ont préparé un exposé. Ils quittent leurs **chaises** et vont au **tableau**.

Lösungswort: **géographie**

13

Sacha n'**apprend** pas ses leçons. Il a encore eu six sur **vingt** à l'interrogation. Si ça **continue**, il ne va pas avoir la **moyenne** ce trimestre.
Madame, merci pour l'**information**. Je sais, Sacha n'a pas bien travaillé **pendant** ce trimestre. Mais ça va **changer**. Hier, il **a proposé** de faire **un exposé** sur un pays pauvre. Qu'est-ce que vous en pensez?
Le 18 avril, le collège **organise** une course contre la faim. **Chaque** élève peut **participer**. On se **retrouve** à 15 heures derrière le gymnase.

14

9

Ton bulletin n'est vraiment pas bon, Pierre! Regarde! Tu vas au cours de français sans tes affaires ... Tu arrives en retard ... Et en anglais? Tu aimes bien l'anglais, non? Alors, pourquoi tu n'écoutes pas le prof? Si tu ne travailles pas, tu ne peux pas être bon en maths! Alors, fais tes devoirs et tes exercices! En histoire-géo, c'est la même chose. Quand on n'apprend pas ses leçons, on ne peut pas avoir la moyenne. Bon, en E.P.S., là, d'accord, tu es super. Mais le sport, ce n'est pas tout, dans la vie. Si ça ne change pas au 3ᵉ trimestre, tu vas rester en 5ᵉ, l'année prochaine!

a Bulletin 1
b 1. Er kommt zu spät und ohne seine Schulsachen zum Unterricht.
2. Weil er nicht genügend arbeitet und seine Hausaufgaben nicht macht.
3. Sport. | 4. Er wird die „5ᵉ" wiederholen müssen.

15

10

Beispiel: C'est t**oi**? [wa]
1 Qu'est-ce que tu **a**s? [a]
2. J'ai fr**oi**d. [wa]
3. Au rev**oi**r, les copains. [wa]
4. Bonjour, tu v**a**s bien? [a]
5. Oh, c'est domm**a**ge. [a]
6. On ne v**oi**t p**a**s bien ici. [wa] + [a]
7. Quelle hist**oi**re! [wa]
8. Faites vos dev**oi**rs! [wa]
9. Vous **a**vez quel **â**ge? [a] 2x

16

11

Ce **trimestre**, Emma n'a pas **appris** ses **leçons**. Elle a eu plusieurs **mauvaises** notes. En **géographie**, elle n'a même pas eu la **moyenne**. Aujourd'hui, les **bulletins** scolaires sont **arrivés** à la maison. Quand Emma est **revenue** du collège, elle n'a pas **voulu** voir ses parents. Elle est **allée** dans sa chambre. Là, elle a **appelé** un copain, puis elle a écrit **quelques** messages.

17

Der Lauf gegen den Hunger

Was ist das? | Es ist ein Projekt, das es ermöglicht, den Hungeropfern in der Welt zu helfen.

Wie funktioniert das? | Vor dem Lauf kommt ein Mitglied von AcF, um die Schüler deiner Schule mithilfe von Filmen und Diskussionen zu sensibilisieren. Dann machen sich die Schüler auf die Suche nach Sponsoren, die Geld für jeden zurückgelegten Kilometer stiften sollen: Familie, Freunde, Geschäfte …

Der Tag X | Die Schüler, die teilnehmen wollen, starten. Es handelt sich nicht um einen Wettlauf, jeder läuft nach seinem eigenen Rhythmus. Das Wichtige ist, viele Kilometer zurückzulegen.

Nach dem Lauf | Jeder Schüler geht nochmals zu seinen Sponsoren und bittet sie um ihre Spende. Anschließend überweist die Schule das Geld an AcF.
Wenn du willst, kannst auch du helfen! Schlage deiner Schule vor, am 17. Mai einen Lauf gegen den Hunger zu organisieren.
Meldungen per Internet vor dem 28. Februar. Wartet nicht zu!
Wir zählen auf euch!

1. Jemand von AcF. | 2. An die Familie, an Freunde, an Geschäfte.
3. So viele Kilometer wie möglich zu laufen.
4. Bis zum 28. Februar übers Internet.

Unité 4

1

M. Pirou: Bon, on a pris **des** œufs, **du** sucre, **des** yaourts et **de la** farine. Maintenant, on va encore acheter **des** tomates et **de la** salade. Tu veux **du** jus de pomme?
Léo: Non, je ne veux pas **de** jus de pomme. Je vais acheter **du** jus d'orange et **de l'**eau minérale.
M. Pirou: D'accord. Ah, n'oublie pas de prendre **du** lait pour maman.
Léo: Pourquoi? Maman ne met pas **de** lait dans son café.
M. Pirou: Ce soir, elle veut faire **des** crêpes.
Léo: Oh, super! J'adore **les** crêpes!

2 1. Il faut de la farine, des œufs et du lait. | 2. Il ne faut pas d'huile, mais il faut du beurre. | 3. Et il ne faut pas oublier le sucre.

3 1. Oui, il faut trois œufs. | 2. Non, il ne faut pas de sel. | 3. Non, il ne faut pas mettre les sacs ici.

4
1. J'ai acheté 2 kilos de pommes.
2. N'oublie pas de prendre 1 litre de lait.
3. Il faut mettre un peu de farine.
4. Il faut aussi 250 grammes de beurre.
5. Sur la table, il y a 2 bouteilles d'eau.
6. Vous voulez une tasse de café?

5
1. Oui, j'en veux. Non, je n'en veux pas.
2. Oui, nous en avons acheté. Non, nous n'en avons pas acheté.
3. Oui, il faut en mettre. Non, il ne faut pas en mettre.
4. Oui, il y en a encore. Non, il n'y en a plus.

6 1. Oui, on en a beaucoup. | 2. Oui, nous en avons acheté deux kilos. 3. Oui, il faut en mettre un peu. | 4. J'en mets quatre. 5. Non, nous en avons acheté 500 grammes.

7
Léo: J'ai envie de faire un gâteau au chocolat. Qu'est-ce que tu **en** penses?
Marie: Oui, c'est une bonne idée, on peut **en** faire un!
Léo: Pour commencer, il faut **du** chocolat, **des** œufs … Tu **en** as?
Marie: Oui, mais je n'ai plus beaucoup **de** farine. Il **en** faut combien?
Léo: Oh, il **en** faut 100 g. Il faut aussi **de l'**huile et 150 g **de** sucre.
Marie: Quoi? Encore **du** sucre? Il y **en** a déjà dans le chocolat!

8
1. – Léo, tu **bois** trop de coca!
   – Moi? Mais non! Je n'en ai **bu** qu'un verre.
2. – Qu'est-ce que vous **buvez**, en Allemagne, pendant le repas?
   – Nous **buvons** du jus de fruit et de l'eau minérale.
3. – En France, on **boit** souvent du diabolo menthe.
   – Moi, je n'en **bois** pas parce que je n'aime pas ça.
4. – Le matin, Marie **boit** du lait et ses parents **boivent** du café.
5. – Vous voulez rester en forme? **Buvez** beaucoup d'eau!

9

M. Pirou: J'**espère** que vous aimez le lait, j'en ai **acheté** trois bouteilles.
Lars: Oui, le matin, nous **buvons** toujours du lait. On **achète** aussi des yaourts?
M. Pirou: D'accord. Bon, on a tout? Alors, je **paie**.
Lars: Trop tard, j'ai déjà **payé**!
M. Pirou: Merci! Bon, pour le repas de midi, qu'est-ce que tu **préfères**? Des moules ou de la viande?
Lars: Je ne mange pas de viande. Je n'ai jamais mangé de moules, mais si tu en **achètes**, je suis sûr que je vais aimer. Et avec ça, qu'est-ce qu'on **boit**?
M. Pirou: Les enfants **boivent** du jus d'orange, je pense. Mais nous, nous **préférons** l'eau minérale.

Lösungswort: **saucisson**

10

tomate | fruits | légumes | citron | salade | lait | viande | œuf | yaourt | sucre | farine | entrée | huile | olive | saucisson | kilo | supermarché | moule | dessert | chocolat | litre | boisson | bouteille | boire | jus | gramme | assiette | fourchette | couteau | cuillère | verre | serviette | beurre | fromage | café | goûter

11

1. une fourchette | un couteau | **un rince-doigts** | une cuillère
2. l'entrée | **la serviette** | le plat principal | le dessert
3. **un saucisson** | une tomate | une salade | un citron
4. de l'eau minérale | du coca | du jus de fruit | **de l'huile**
5. du lait | des yaourts | **des légumes** | du beurre
6. manger | **acheter** | goûter | reprendre
7. faire les courses | acheter | payer | **mettre la table**

12

1. 326 + 290 = 616
2. 1 424 + 95 = 1 519
3. 523 + 677 + 162 = 1 362

13

12

1. 127
2. 361
3. 555
4. 998
5. 1 000
6. 3 616
7. 7 471
8. 16 513

14

13

Aujourd'hui, les Pirou mangent au restaurant avec Lars et sa fille Lena. Lena, qui ne mange jamais de viande, a pris des moules avec des frites. Mais maintenant, les moules restent dans son assiette. Elle a voulu goûter, mais ... elle les trouve un peu bizarres. Elle ne mange que les frites, avec du pain et du beurre. Après, elle a encore faim. Elle prend comme dessert un gâteau au chocolat qui a l'air très bon.

1. Die Pirous mit Lars und seiner Tochter Lena. | 2. Muschel mit Pommes.
3. Nur die Pommes, mit Brot und Butter. | 4. Einen Schokoladenkuchen.

15

14

Les Français sont des gens bizarres. Le matin, ils ne mangent qu'un peu de pain avec du beurre, et ils boivent une tasse de café. Moi, je préfère le petit-déjeuner allemand. Pour bien commencer la journée, je bois un grand verre de lait. J'aime aussi manger du fromage. Et le dimanche, je mange un œuf.

16

15

- Mais enfin, Lucie, comment est-ce que tu as mis la **table**? Regarde: ici, il y a deux **fourchettes**, et là, il n'y a pas de **couteau**. Il manque *(manquer: fehlen)* aussi **le pain** et les **serviettes**.
- Du pain? Oh! On **n'en a plus** beaucoup. Je vais aller **en acheter**.
- Va vite, alors. Les **invités** vont bientôt arriver. **Achète** aussi deux **bouteilles** de **jus de fruit**. Moi, je n'ai **pas le temps** de faire les **courses**, je **fais la cuisine**.

17

Mmm, Crêpes schmecken gut! Warm oder kalt, mit Butter, Marmelade, Schokoladencreme oder Apfelmus ... Um gute Crêpes zu backen, benötigt man zuerst mal einen guten Teig. Das ist nicht schwierig.

Rezept für 6 Personen (etwa 12 Crêpes)
250 g Mehl | 100 g Zucker | 1 Löffel Vanillezucker | 2 kleine Eier
25 g geschmolzene Butter | 3 große Gläser Milch (750 ml)
Das Mehl in eine große Salatschüssel geben.
Den Zucker, den Vanillezucker und die Eier dazugeben.
Das Ganze mit etwas Milch gut verrühren.
Die geschmolzene Butter dazugeben. Umrühren.
Die restliche Milch nach und nach dazugießen und mit einem Holzlöffel umrühren (nicht mit dem Mixer!).
Den Teig eine Stunde lang ruhen lassen, bevor man mit dem Crêpesbacken beginnt.
So, das ist alles. Guten Appetit!

1. falsch | 2. falsch | 3. richtig | 4. falsch | 5. falsch | 6. richtig

Plattform 2

1

Hier, Marie et Léo **ont voulu** faire des crêpes. Ils **sont allés** acheter des œufs et du lait. Ils **ont pris** aussi de la farine. Quand ils **sont revenus** chez Marie, ils **ont trouvé** la porte ouverte. Marie **a entendu** du bruit dans l'appartement.
Elle **est restée** devant la porte et elle **a pensé**:
«Oh, non! Des gens **sont entrés** chez nous! Mais, je ne comprends pas, je **n'ai pas oublié** de fermer la porte, quand nous **sommes descendus**.»
A ce moment-là, elle **a vu** sa mère dans l'entrée avec une dame.

- Ah, c'est toi, Marie! Entre! Je suis avec madame Meyer, notre nouvelle voisine. Elle **est arrivée** de Strasbourg hier.
- Bonjour, madame. Je suis Marie. Je **suis allée** faire les courses avec mon ami Léo. Nous allons faire des crêpes. Vous en voulez aussi? Ou alors, est-ce que vous **avez** déjà **mangé**?

2

Tout d'abord, il faut manger beaucoup **de** légumes. Si vous n'aimez pas **les** légumes, alors, mangez **de la** salade ou **des** tomates.
Ne mangez pas trop **de** gâteaux. Si vous avez faim, mangez **des** fruits. Moi, j'**en** mange trois par jour! Vous pouvez aussi manger un peu **de** fromage, mais pas trop. Et surtout: pas **de** coca, il y a trop **de** sucre dans le coca. Buvez plutôt **de l'**eau minérale. Il faut boire beaucoup **d'**eau.
Si vous préférez **le** café, vous pouvez **en** boire un peu, avec **du** lait, mais sans **–** sucre. Ah, encore une chose: faites un peu **de** sport. Qu'est-ce que vous **en** pensez?

3

16

1. En France, il y a presque **65 000** écoles, collèges et lycées.
2. Dans une heure, il y a **3 600** secondes.
3. Sur la tour Eiffel, il faut monter **1 665** marches *(Stufen)*.
4. Chaque année, presque **265 000** élèves participent à la course contre la faim.
5. Arcachon a **10 975** habitants *(Einwohner)*.
6. Nice est à **932** kilomètres de Paris *(932 km entfernt von Paris)*.

4

danser	N: la danse	une chanson	V: **chanter**
le téléphone	V: **téléphoner**	boire	N: **une boisson**
la rentrée	V: **rentrer**	deviner	N: **une devinette**
le sport	A: **sportif, sportive**	un dessin	N: **un dessinateur, une dessinatrice**
discuter	N: **une discussion**		
jouer	N: **un jeu, des jeux**	cent (100)	N: **un centime**
		le courage	A: **courageux, courageuse**

5

à gauche	≠	à droite
passer qc à qn	=	donner qc à qn
bon, bonne	≠	**mauvais, mauvaise**
le bruit	≠	**le silence**
1000 grammes	=	**un kilo**
dans la lune	≠	**concentré**
facile	≠	**difficile**
ouvrir	≠	**fermer**
triste	=	**malheureux, malheureuse**
perdre	≠	**trouver, retrouver**
monter	≠	**descendre**
la mort	≠	**la vie**

6

Au collège
un trimestre
la moyenne
la permanence
apprendre
un cours
un cahier de textes

Le sport
une piste
un sportif
le rugby
plus vite, vas-y!
l'athlétisme
un gymnase

Faire les courses
deux kilos de tomates
des œufs
500 g de farine
acheter
un supermarché
payer

Mettre la table
une assiette
une serviette
une fourchette
un couteau
une cuillère
un rince-doigts

7

17

[i]
1. une qu**i**che
4. qu**i**
6. un gu**i**de
7. qu**i**tter
9. une gu**i**tare

[ɥi]
2. aujourd'h**ui**
3. l'h**ui**le
5. un fr**ui**t
8. grat**ui**t
10. une c**ui**llère

8

18

[y]
2. c**u**rieux
3. un b**u**reau
6. pl**u**sieurs
8. un lég**u**me
10. le s**u**cre

[u]
1. un c**ou**teau
4. c**ou**rageux
5. p**ou**voir
7. un n**ou**veau
9. la p**ou**belle

9

19

[œ]	[ø]
1. un œuf	2. mystérieux
3. seul	5. des œufs
4. la peur	6. des cheveux
7. du beurre	8. des yeux
9. un œil	10. malheureux

10

20

	derselbe Satz	*zwei verschiedene Sätze*
1.	– a J'entends le vent.	x b J'attends l'enfant.
2.	– a C'est un sportif.	x b C'est une sportive.
3.	x Le professeur énerve les élèves.	–
4.	– a Les élèves sont en classe.	x b Les élèves vont en classe.
5.	x Nous avançons sans bruit.	–
6.	– a Vous êtes fous?	x b Vous êtes où?
7.	– a Tu connais cette fille?	x b Tu connais cette ville?

11

2. Tout à coup, le chien est entré dans une tour!
3. D'abord, Tim a appelé Ray, mais le chien n'a pas entendu.
4. Alors, Tim est allé aussi dans la tour.
5. Il est monté dans la tour.
6. A ce moment-là, quelqu'un a ouvert une porte.
7. D'abord, Tim a eu peur et il a fermé les yeux.
8. Puis il a vu Ray avec un petit vampire.
9. Alors, il a crié.

12

Lösungsvorschlag

Du: Bonjour, je m'appelle X. Je parle français. Est-ce que vous avez un problème? (Je peux aider?)

Du: Alors, «Vorspeise», ça veut dire «entrée». «Hauptgericht», c'est le plat principal, et enfin, «Nachtisch», ça veut dire «dessert».

Du: Si elle ne mange pas de viande, alors elle peut prendre la salade Capri comme entrée, puis les spaghettis à la sauce tomate comme plat principal.

Du: Mais non, «Pommes», ça veut dire «frites» en allemand, comme «Pommes frites». Ce ne sont pas des fruits!

Du: Alors, ce ne sont pas des gâteaux. Ce sont des petites boulettes de viande.

Du: Non, on ne peut pas prendre du fromage ET du gâteau, c'est du fromage OU du gâteau.

Unité 5

1

1. Le foot, ça ne **m'**intéresse pas.
2. Où tu es? Je ne **te** vois pas.
3. Alex **nous** a montré ses photos.
4. Je **vous** attends depuis une heure.

2

1. *Mehdi:* Je **vous** raconte une histoire, et vous ne **m'**écoutez pas!
   Ses copains: Tes histoires ne **nous** intéressent pas …
2. *Léo et Julien:* Tu viens chez Alex? Elle va **nous** montrer ses photos.
   Marie: Non, je ne viens pas, elle **m'**a déjà montré ses photos hier.
3. *Jérôme:* Vous ne **me** comprenez jamais! Ça **m'**énerve!
   Sa mère: Ne **me/nous** parle pas comme ça. Tu **m'/nous** énerves aussi!

3

1. Les élèves du collège **c. disent NON à la faim dans le monde.**
2. Quoi? Qu'est-ce que tu **e. dis?**
3. Moi? Je n'ai rien **a. dit.**
4. Venez, les enfants, **f. dites bonjour à tante Odile.**
5. Vous êtes fantastiques, nous vous **b. disons merci.**
6. «Schadenfreude», qu'est-ce que ça **d. veut dire?**

4

envo**y**er
j'envo**i**e
tu envo**i**es
il envo**i**e
nous envo**y**ons
vous envo**y**ez
ils envo**i**ent
j'ai envo**y**é

5

1. Alex et Jérôme disent **qu'ils sont fatigués.**
2. M. Guibert répond **qu'il va bientôt faire une pause.**
3. Jérôme dit **qu'il veut manger un sandwich.**

6

Mme Guibert demande …
1. … si les chambres sont grandes.
2. … s'il y a la télé.
3. … quand elle peut prendre la clé.
4. … si la plage est loin.
5. … où on peut mettre la voiture.

7

Alex: Allô, Jérôme? Je voudrais parler à maman.
Elle peut venir au téléphone?
Jérôme: Maman? C'est Alex.
Elle demande **si tu peux venir au téléphone**.
Mme Guibert: Non, je suis à la salle de bains.
Pourquoi est-ce qu'elle appelle?
Jérôme: Alex, maman dit **qu'elle est** à la salle de bains.
Elle veut savoir **pourquoi tu appelles**.
Alex: Ben … J'ai envie d'aller à une fête chez Julien.
Elle est d'accord?
Jérôme: Maman, Alex dit **qu'elle a envie** d'aller à une fête chez Julien.
Elle demande **si tu es d'accord**.
Mme Guibert: D'accord. Mais comment est-ce qu'elle va rentrer?
Jérôme: Alex? Tu peux aller à la fête.
Mais maman veut savoir **comment tu vas rentrer**.
Alex: Est-ce que je peux dormir chez Marie?
Jérôme: Maman? Alex demande **si elle peut dormir chez Marie**.
Mme Guibert: Bon, d'accord. Mais demain, elle reste à la maison.

8

1. Non, je ne **les** invite pas.
2. Non, je ne **l'**entends pas.
3. Non, ils ne **la** connaissent pas.
4. Bien sûr, je vais **le** prendre.
5. Oui, je veux **les** regarder.

9

1. Oui, je **les** ai préparé**s**.
2. Je **les** ai mis**es** sur la table.
3. Oui, je **l'**ai rencontré**e** hier.
4. Oh! Nous **l'**avons oublié.
5. Non, ils ne **m'**ont pas attendu**e**.
6. Non, je ne **les** ai pas vu**es**.

10

1. Avant le **départ**, regardez si vous avez tout. Toutes les **valises** sont bien là? Alors, en **voiture**!
2. L'**autoroute**, ce n'est pas gratuit. Le **péage** est cher. N'oubliez pas votre porte-monnaie. Et il y a souvent des **bouchons**. Partez tôt.
3. Vous voulez écouter de la musique pendant le **voyage**, avec votre **baladeur** mp3? Ça peut être dangereux. Préférez la radio qui donne des informations sur les routes.
4. Si vous êtes fatigués: faites une **pause** sur une aire de **repos**, mangez un bon **sandwich**, buvez beaucoup d'eau.

11

L'**hôtel** Royal est au **bord** de la **mer**, à deux minutes de la **plage**. Là, vous pouvez **nager**, faire du **skimboard** dans les **vagues**, ou bien rester au **soleil**, sur le **sable**, manger une **glace** et regarder les **bateaux**. Vous pouvez aussi visiter le **phare** du Cap Ferret ou la **dune** du Pilat. Et bien sûr, ne quittez pas la **région** sans goûter nos bonnes **huîtres**.

Lösungswort: **Malou**

12

1. C'est super! Le gîte est bien et j'ai des copains. Mais mon frère m'énerve! A bientôt.
2. Je t'ai acheté un cadeau mais je l'ai oublié dans le train! Quelle histoire! A plus. Bises / Bisous.

13

21

1. Les chambres sont vraiment petites! En plus, les fenêtres donnent sur la rue. Ça ne me plaît pas, j'aimerais changer d'hôtel. 🙁
2. Visiter Bordeaux en petit train? Ça m'intéresse! Il y a un guide qui explique tout. On voit la ville, et après, on est encore en forme. 🙂
3. Ah, écoute, les musées ne m'intéressent pas. Je voudrais plutôt aller au marché. 🙁
   Ah! La plage, le sable, la mer, les vagues! Ça, ça me plaît! 🙂

14

22

1. Moi, j'aime bien l'hiver. Il faut mettre des vêtements chauds parce qu'il fait froid. Mais c'est joli quand il y a de la neige *(Schnee)*. (**a**, **l'hiver**)
2. C'est la saison que je préfère. Les journées sont longues et il fait chaud. Et puis, en été, il y a les grandes vacances! (**c**, **l'été**)
3. En automne, les arbres sont jaunes, et rouges, et orange. J'adore ça. Mais il pleut souvent et il fait du vent. (**d**, **l'automne**)
4. Chaque année, j'attends le printemps. Le soleil revient, les arbres sont verts. Ce n'est pas triste comme l'hiver. (**b**, **le printemps**)

15

23

Versuche jetzt, den Dialog nachzusprechen, ohne die Mitschrift zu lesen.

16

24

Je suis très **contente**. Mes amis de Bordeaux **m'ont invitée** dans le **Sud-Ouest**. On **dit que** c'est une jolie **région**, surtout au **printemps**. Il y a beaucoup de choses qui **m'intéressent**, là-bas. J'**aimerais** bien aller à la dune du Pilat. Je ne **l'ai** jamais **vue**. Mais je veux aussi aller à la **plage** et nager dans les **vagues**. Et s'il n'y a pas de **soleil**? Je peux aller manger des **huîtres** au restaurant.

17 Arcachon und seine Region entdecken – ohne Stress!

Mit dem Fahrrad
Von Le Mouleau bis zur Pointe de l'Aiguillon garantieren 15 km Fahrradwege Sicherheit und Spaß. Um die Stadt zu erkunden und Spazierfahrten unter den Bäumen oder entlang des Meeres zu unternehmen. Lust weiterzufahren? Zig Kilometer an Radwegen verbinden die Dörfer des Bassin untereinander.

Fahrradverleih Locavélo, 212, boulevard de la plage (ganzjährig)
Dingovélo, 94, avenue du Général de Gaulle
(vom 15. März bis zum 15. September)

Mit dem Schiff
Wenn Sie im Sommer die 80 km zurücklegen wollen, die Arcachon vom Cap Ferret trennen, müssen Sie mit den Staus 2 Stunden veranschlagen. Nehmen Sie also lieber das Schiff! Ab der Anlegestelle Thiers verbinden die Pendelschiffe von Trans-Bassin Arcachon und Cap Ferret in 30 Minuten.

Mit dem Bus
Wenn Sie zur Düne von Pilat (mit 105 Metern die höchste Europas) gelangen wollen, ist der Bus ideal. Mit der Linie 1 des Bus Baia kostet die Fahrt nur 1 €. Abfahrt vor dem Bahnhof von Arcachon. In den Monaten Juli und August fährt der Bus die Strände von Petit Nice und La Lagune an.

1. richtig | 2. falsch | 3. falsch | 4. falsch | 5. richtig

Unité 6

1

1. **vous dorme**z
2. **tu** d**o**r**s**
3. **el**l**es** d**o**r**ment**
4. **je** d**ors**
5. i**l** d**o**r**t**
6. n**ous avons** d**ormi**

2

1. C'est super! Demain, nous **partons** en vacances.
2. Comment? Arthur ne **sort** plus avec Coralie?
3. On a le temps, le train **part** à 17 heures.
4. Qu'est-ce que vous faites là? **Sortez** de ma voiture, tout de suite.
5. Samedi, Camille et Luc sont **sortis** jusqu'à minuit.
6. Hier, notre bus est **parti** en retard.

3

1. C'est un **nouvel** album.
2. C'est une **belle** histoire.
3. Ce sont des **vieux** arbres.
4. Tu as des **beaux** yeux.
5. C'est une **vieille** école.
6. Quel **bel** enfant!

4

1. – Qu'est-ce que tu écoutes? Le **nouvel** album de Christophe Maé?
   – Non, c'est un **vieil** album où il joue une musique que je trouve très **belle**.
   – Moi, j'ai son **nouveau** CD.
2. – Pourquoi est-ce que tu mets toujours ces **vieux** vêtements? C'est la **nouvelle** mode, ou quoi? Tu as un **nouveau** pantalon, mais tu ne le mets jamais.
   – Mais maman, je trouve mes **vieux** jeans très **beaux**.

5

Camille joue **de l'**harmonica, Pierre **de la** batterie, Lucas **du** violon, Lucie **du** saxophone. Moi aussi, j'ai envie de jouer **d'**un instrument. Pour savoir quoi, je vais jouer **au** jeu «Pile ou face»! Le sport, ça ne me plaît pas trop.
Je n'aime pas jouer **au** foot. J'adore jouer **aux** cartes, je déteste jouer **aux** jeux vidéo, et j'adore jouer **aux** devinettes.

6

1. je **dois**
2. on **doit**
3. vous avez **dû**
4. il **reçoit**
5. je **reçois**
6. nous d**e**v**on**s
7. ils ont **reçu**
8. elles **doivent**
9. elles **reçoi**v**ent**
10. vous **devez**
11. nous **rece**v**ons**
12. vous re**cevez**

7

ils ont re**ç**u | tu re**ç**ois | elles re**ç**oivent | on re**ç**oit | je re**ç**ois

8

1. Bonjour, je m'appelle Grégoire Thomas. Grégoire, c'est mon **prénom**. Comme tous les **jeunes**, j'**utilise** beaucoup mon **portable**. Je trouve que c'est **important** d'être en **contact** avec les copains. Mes parents disent que je **passe** trop de temps à l'ordinateur. Je n'ai pas le **droit** d'être sur Internet après 21 heures, même si je suis sur un **site** intéressant.
2. Moi, c'est Amélie. Je **joue** du **violon** et de la guitare, mais j'aime aussi **surfer** sur le net. J'ai mon **blog** où je raconte ma vie. J'aime aussi le **cinéma** et la **mode**. Plus tard, je voudrais avoir un **métier** intéressant. Et si je ne **gagne** pas beaucoup d'**argent**, ce n'est pas très grave.

9

1. une série **télévisée**
2. une **comédie**
3. un **instrument**
4. un dessin **animé**
5. le **suspense**
6. un film d'**horreur**
7. un film **policier**
8. la **voix**
9. la **batterie**
10. le **saxophone**
11. le **rythme**
12. l'**harmonica**

Lösungswort: **festival**

10

25

La chanteuse Zaz est née en France, en 1980. Elle prend d'abord des cours de piano, de violon et de guitare. En 1994, elle part habiter à Bordeaux. Là, elle apprend à chanter. Elle fait de la musique avec plusieurs groupes. Puis le succès arrive avec un album qui s'appelle «Je veux». En 2010, c'est la chanson préférée des Français. Aujourd'hui, Zaz est connue en France et dans d'autres pays, comme la Belgique et le Canada.

1. 1980.
2. Klavier, Geige, Gitarre.
3. In Bordeaux.
4. Je veux.
5. 2010.
6. In Belgien und Kanada.

11

26

(Farbcode siehe Seite 105)

1. Vous connaissez Zaz?
2. C'est une jeune chanteuse française.
3. J'adore sa voix et ses rythmes.
4. Dans la chanson «Je veux», elle dit qu'elle veut de la joie et de l'amour.
5. Moi, je trouve qu'elle a raison.
6. Aujourd'hui, les gens pensent trop à l'argent.

12

27

Cette semaine, au collège, je **participe** à un **projet** super: c'est un **atelier** BD. **Ça me plaît** beaucoup. Nous **apprenons** à raconter, avec des dessins, une histoire **courte** que nous avons **imaginée**. C'est **difficile**, mais c'est **drôle** aussi parce que tous les élèves ont des **styles différents**. Notre prof, qui est **belge**, dit qu'il y a beaucoup de **dessinateurs** de BD très **connus** en Belgique.

13

Gestern hatte ich das Glück, den Sänger Guito'B zu interviewen. Guito'B ist sein Künstlername. Seinen richtigen Namen kenne ich nicht, er wollte ihn mir nicht sagen. Aber er hat bereitwillig auf meine Fragen geantwortet.

Vanessa: Heute bist du Sänger. Hast du irgendwann mal Lust gehabt, einen anderen Beruf auszuüben?

Guito'B: Nein, nie! Ich habe sehr jung mit der Musik begonnen. Ich habe immer davon geträumt, von meiner Musik zu leben.

V.: Davon träumen viele junge Leute, doch das ist nicht so einfach.

G.: Das stimmt, zu Beginn ist es schwierig. Jetzt geht es ganz gut. Ich habe Erfolg, aber das war nicht immer so. Mit meiner Band Presteej haben wir zuerst in den Metro-Gängen gespielt. Doch wir haben immer die Hoffnung behalten. Und, ja, schließlich haben wir unseren Traum verwirklicht.

V.: Wie lautet deine Botschaft an die Jugendlichen?

G.: Ich möchte sie ermutigen, bis zum Ende ihrer Träume zu gehen. Ich komme aus Haiti. Das ist ein sehr armes Land, wo die Leute enorme Probleme haben und nicht viel Zeit zu träumen. Aber hier, in Europa, ist alles möglich, wenn man es wirklich will. Das Leben ist schön, wenn man Dinge machen kann, die man mag.
V.: Das ist eine schöne Botschaft. Danke, Guito'B.

1. Seinen echten Namen verrät er nicht.
2. Keinen anderen, als von seiner Musik zu leben.
3. In den Metro-Gängen.
4. Man sollte seinen Träumen folgen. Hier in Europa ist alles möglich, wenn man es wirklich will. Das Leben ist schön, wenn man Dinge macht, die man mag.

Unité 7

1

tu		**R**	**É**	F	**L**	**É**	**C**	**H**	**I**	**S**		
elle						**C**	**H**	O	**I**	**S**	**I**	**T**
nous	**F**	**I**	N	**I**	**S**	**S**	**O**	**N**	**S**			
vous		**C**	H	**O**	I	**S**	**I**	**S**	**S**	**E**	**Z**	
j'ai				**R**	**É**	U	**S**	**S**	**I**			
ils				F	**I**	**N**	**I**	**S**	**S**	**E**	**N**	**T**
je			**R**	É	**U**	**S**	**S**	**I**	**S**			

Lösungswort: je / tu **choisis**

2

1. Au restaurant, les enfants ne **réfléchissent** pas, ils **choisissent** toujours des grandes pizzas qu'ils ne **finissent** jamais.
2. Vous n'avez pas encore **fini** cet exercice? Mais **réfléchissez** un peu, c'est facile.

3

1. Il **leur** explique la leçon.
2. Elle ne **lui** a pas téléphoné.
3. Elles **leur** montrent leurs photos.
4. Il **leur** a raconté sa journée.
5. Ils **lui** disent quelque chose.

4

1. a Sacha **la** demande à Léo.
   b Sacha **lui** demande la clé.
2. a Le prof **les** explique aux élèves.
   b Le prof **leur** explique les exercices.
3. a Mehdi **les** a donn**ées** à Sacha.
   b Mehdi **lui** a donné les balles.

5

1. Je le rencontre parfois au parc / dans le parc.
2. Je ne l'aide pas souvent.
3. Je vais l'appeler. / Je vais les appeler.
4. Le prof parle, mais les élèves ne l'écoutent pas.

6

Tout le monde voudrait habiter dans cette ville. Il y a du soleil **tous** les jours, **toute** la journée. Dans **toutes** les rues, il y a des maisons de **toutes** les couleurs, et on entend **tout** le temps de la musique. Dans mes rêves, j'habite cette ville avec **toute** ma famille et **tous** mes copains.

7

1. Julien a travaillé **toute la semaine.**
2. Il faut apprendre **tout le texte.**
3. Jérôme est à Arcachon avec **toute sa famille.**
4. Marie et Alex ont invité **toutes leurs copines.**
5. Merci pour **tous vos cadeaux.**

8

A la fête du sport, Marie apprend à faire de l'**équilibre** sur la corde **molle**. Pendant ce temps, Jérôme et Sacha **jonglent** avec des **balles**, comme des **clowns**. Mehdi, lui, **saute** sur le **trampoline**. Il essaie aussi le saut à l'**élastique**. Il n'a pas peur; plus tard, il veut faire du **parachutisme**. Alex ne comprend pas ça. Elle, elle **rêve** d'habiter à la **campagne** avec des **chevaux**. Elle veut être **biologiste** plus tard.

9

1. Qu'est-ce qui se passe?	**b. Léo ne revient pas.**
2. Ne t'en fais pas,	**d. on va trouver une solution.**
3. Merci beaucoup.	**c. De rien.**
4. Qu'est-ce que tu en penses?	**e. Je suis de ton avis.**
5. Il nous faut plus de balles?	**a. Non, nous en avons assez.**

10

28

A Sur l'image, on voit trois garçons. Le garçon qui a un short vert s'appelle Jérôme. Il est entre Léo et Tarzan. Léo est petit. Il a les cheveux blonds. Tarzan est très grand. Il porte un short rouge avec des dessins blancs. Tarzan et Jérôme regardent Léo. Léo veut montrer aux autres qu'il est un grand sportif.

B Sur l'image, on voit deux garçons. Le garçon qui a un short vert s'appelle Léo. Il est entre Jérôme et Tarzan. Léo est très grand. Tarzan est petit. Il porte un short rouge avec des dessins bleus. Jérôme regarde Tarzan. Jérôme n'a pas les cheveux blonds. Tarzan a l'air très sportif.

1. A
2. 7
3. Sur l'image, on voit **deux** garçons. Le garçon qui a un short vert s'appelle **Léo**. Il est entre **Jérôme** et Tarzan. Léo est très **grand**. Tarzan est **petit**, il porte un short rouge avec des dessins **bleus**. Jérôme regarde **Tarzan**. Jérôme n'a pas les cheveux blonds. Tarzan a l'air très sportif.

11

29

1. Ale**x** et **J**érôme **ch**oi**s**i**ss**ent le **s**aut à l'éla**s**tique.
2. **J**'ai a**ss**ez d'ar**g**ent pour a**ch**eter **c**es **ch**au**ss**ures.
3. Mes voi**s**ins ont dou**z**e **ch**evaux et di**x**-huit **ch**iens.

12

30

A la fête du sport, Alex et Marie **choisissent** un **parcours** avec plusieurs activités. Marie veut apprendre à **jongler**. Alex **préfère** le saut à l'élastique. Après, **toutes les deux**, elles **essaient** de marcher *(gehen)* sur la corde **molle**. C'est difficile parce que ça **bouge** beaucoup. Mais à la fin, elles **réussissent**. Après la fête, elles retrouvent **tous leurs** copains. Elles **leur** montrent tous les cadeaux qu'elles ont **reçus**.

13

Das Sportfest

Jetzt seid ihr dran!

Das Sportfest wird von der Stadt Vincennes mit Unterstützung zahlreicher Sportvereine organisiert und ist für alle offen. Kommen Sie mit der Familie oder mit Freunden. Nehmen Sie an den verschiedenen Aktivitäten teil und schauen Sie den Vorführungen zu.
Kinder können einen Parcours machen, auf dem sie sich an mehreren Aktivitäten versuchen. Am Ende erhalten sie eine Urkunde und ein kleines Geschenk.
Ein Schnellimbiss befindet sich an Ort und Stelle. Sie können auch Ihr eigenes Picknick mitbringen. Geradezu ideal bei schönem Wetter!

Cours des Maréchaux, Vincennes | Sonntag, 24. Juni
11 Uhr bis 18 Uhr | Eintritt frei

20 Sportvereine bieten Ihnen vielfältige Veranstaltungen an.
- Babygymnastik und Nordic Walking
- Turnstrecken für Kinder
- Vorführungen: Judo, Karate und Taekwondo
- Basketball, Beachvolleyball, Workshops: Fußball und Rugby
- Tischtennisplatten, Badmintonnetze
- Einführung ins Boxen und Fechten
- Ponyreiten ab 3 Jahren

1. Für jedermann. | 2. Um 11 Uhr. | 3. Man erfährt es nicht.
4. Ein Ponyritt. | 5. Eine Urkunde und ein Geschenk. | 6. Ja.

14

1. Paul est **plus grand que** Jean. Mathilde est **aussi grande que** Jean, donc elle est **moins grande que** Paul.
2. Paul est **moins bon que** Mathilde. Mathilde est **meilleure que** Paul.
3. Le t-shirt est **moins cher que** le pantalon. Mais les chaussures sont **aussi chères que** le pantalon.

15

nous é**t**ions
tu p**r**enais
on sav**a**it
je com**m**ençais
vous **p**ayiez
tu v**o**ulais
elles al**l**aient
je deva**i**s
nous ma**n**gions
tu ach**e**tais

Lösungswort: **trampoline**

Plattform 3

1

M. Guibert: Jérôme, tu me passes la valise verte, s'il te plaît?
Jérôme: Je ne **l'**ai pas, je **l'**ai donné**e** à Alex.
Alex: Quoi? Ce n'est pas vrai! Euh ... Oh, si! Je **l'**ai pris**e**, mais je **l'**ai laissé**e** dans l'entrée parce que Marie **m'**a appelé**e** sur mon portable.
Jérôme: Bon, je vais **la** chercher. Et qu'est-ce qu'on fait avec tous ces sacs? Il faut aussi **les** mettre dans la voiture?
Alex: Mais ... Et mon skimboard? On **le** met où?
Jérôme: Oh, arrête, Alex! Papa et moi, nous travaillons, et toi, tu **nous** énerves avec ton skimboard!

2

J'ai un problème avec ma copine. Quand je **lui** parle, elle ne **m'**écoute pas. Quand je **lui** propose d'aller au cinéma, elle **me** dit que les films ne **l'**intéressent pas. Je **lui** ai écrit **–** des SMS, mais elles ne **les** a pas lu**s**! Elle ne **me** téléphone plus! Moi, je **lui** téléphone souvent. Je **lui** demande si elle **m'**aime encore, et elle dit «oui». Mais alors? Qu'est-ce qu'elle a? Elle a peut-être des problèmes ...
Mais avec ses copines, elle est cool: elle **leur** parle, elle **les** écoute, elle **leur** raconte des histoires. Moi, je ne **l'**intéresse plus. Et puis ... hier, je **l'**ai rencontré**e** avec un garçon de 4ᵉB!

3

1. ils chois**issent**
2. nous part**ons**
3. vous avez réfléch**i**
4. on fini**t**
5. tu ouvr**es**
6. vous réuss**issez**
7. elles sont sort**ies**
8. je fini**s**
9. elle a chois**i**
10. ils sont reven**us**
11. nous réuss**issons**
12. ils dorm**ent**
13. vous part**ez**
14. ils sont sort**is**
15. tu réfléch**is**
16. nous avons ouv**ert**

4

Mme Guibert: Qu'est-ce que vous faites, les enfants?
Jérôme: Nous **lisons**.
Mme Guibert: Ah, et qu'est-ce que vous **lisez**?
Jérôme: Des BD.
Mme Guibert: Quoi? Qu'est-ce que vous **dites**?
Jérôme: J'ai **dit**: des BD. Et toi?
Mme Guibert: Je **lis** une lettre de mamie. Elle n'est pas contente. Elle **dit** que vous n'**écrivez** jamais.

5

1. – Le collège Maurice Ravel a **reçu** un prix pour son journal.
   – Je **sais**, j'ai **lu** ça sur Internet.
2. – Nous **voulons** aller au cinéma Bastille, mais nous ne **savons** pas où il est. Vous **pouvez** nous aider, s'il vous plaît?
   – Euh … Oui, attendez … Il **doit** être là, à droite.
3. – Qu'est-ce que vous **dites**? Vous **avez** encore soif? Mais vous avez déjà **bu** un litre de jus de fruit!
4. – Est-ce que tu **reçois** souvent des courriels de tes cousins de Bordeaux?
   – Non, moi, j'**écris** beaucoup de messages, mais ils ne répondent presque jamais.

6

1. bel acteur brun
2. vieil homme bizarre
3. beaux chevaux blancs
4. nouvelles chaussures blanches
5. vieille chanson connue
6. nouvel élève sympa

7

1. Ich habe die Nase voll / es satt.
2. Meiner Meinung nach ist es blöd. Was haltet ihr davon?
3. Ich bin deiner Meinung. Es sagt mir nichts / Ich habe keine Lust darauf.
4. Was ist los? Du bist nicht bei der Sache / zerstreut. Du siehst müde aus.
5. Mach dir keine Sorgen.
6. Wer ist an der Reihe? Ach, du bist dran. Los / Mach schon!
7. Papa kauft ein und Mama kocht.

8

Je pense **que** vous avez passé une semaine super! Vous **dites** que **vous m'avez envoyé** des **photos** de vos **vacances**, mais je ne les ai pas **reçues**. C'est dommage. La région **d'**Arcachon doit être très **belle**, surtout au **mois** de **juin**, quand il fait **beau**. Le printemps, c'est la saison que je **préfère**. Moi aussi, **j'aimerais** bien partir au bord de la **mer**, mais **cet** été, nous ne **pouvons** pas: nous n'avons pas **assez d'**argent parce que mon père a **dû** acheter une **nouvelle** voiture.
Je vais à la **piscine tous** les jours, mais il y a beaucoup **de** monde. J'**essaie** aussi d'**apprendre** à jouer **de la** batterie. Mon voisin est prof de **musique**. Il me donne des **cours**, et moi, **je l'aide** à faire les courses. C'est un **vieil** homme un peu bizarre, mais quand on le **connaît**, il est **intéressant**. **Je l'aime** bien. Quand est-ce que vous venez **en** Allemagne? Bientôt, j'**espère**.

9

31

1. Bah, écoute, d'accord! Je suis de ton avis. Oui, oui, tu as raison! *(Zustimmung)*
2. Waouh! Jongler, ça me plaît beaucoup! C'est vraiment drôle! J'adore! *(Spaß)*

3. Bon, je vais t'aider. Je peux … essayer d'appeler ton frère?
   Ne t'en fais pas, on va trouver une solution ensemble. *(Ermutigung)*
4. Je ne sais vraiment pas quoi faire … Il faut … On peut …
   Oh, je ne sais pas! *(Ratlosigkeit)*
5. Tu es sûr? Tu as bien réfléchi? Mmh … Moi, ça ne me plaît pas beaucoup, ton idée, là! Non, je suis désolée, je ne suis pas d'accord. *(Missbilligung)*
6. Ce n'est pas sérieux! Ce n'est pas possible! Ça m'énerve! *(Empörung)*

10

2. Eh bien, **tous mes amis sont loin, alors je suis souvent triste**.
3. Mais, **tu as déjà trouvé des nouveaux copains**?
4. Non, **je n'ai pas beaucoup d'amis**.
5. Ici, **il y a des élèves qui ne sont pas sympas avec moi**.
6. **J'en ai marre, je trouve qu'ils sont nuls**.
7. Oui, **je leur ai raconté mes problèmes, mais ils ne me comprennent pas.**
8. Ne t'en fais pas, **je suis sûr que tu vas trouver une solution**.
9. Et **si ça ne va pas, tu peux toujours me téléphoner**. D'accord?

11

Lösungsvorschlag

Du: Non, notre collège organise des projets «Cirque» depuis 15 ans.
Du: Non, nous avons préparé / travaillé nos numéros pendant 4 mois.
Du: Non, cette année, seulement les classes 7a et 7b ont participé.
Du: Jongler ou faire de l'équilibre, ce n'est pas facile. On ne réussit pas toujours.
Du: Oh, oui! Beaucoup de personnes sont venues. Tout le monde a aimé.
Du: C'est l'histoire d'un vampire qui s'appelle Grey et qui a pris toutes les couleurs du monde. Trois enfants le cherchent pour retrouver les couleurs.

Unité 8

1

a 1. Marie n'est pas venue à la fête parce qu'elle était malade.
  2. D'abord, nous avons fait l'atelier astronomie. C'était chouette. Puis, pendant l'atelier photos, nous avons fait des photos. Le soleil brillait, c'était super!

b 3. Je regardais un film captivant au cinéma, quand, tout à coup, mon portable a sonné et tout le monde m'a regardé!
  4. Tous les lundis, mon frère jouait au foot. Un jour, il a eu un problème avec son équipe, alors, il a commencé le karaté.

2

Lucie: Qu'est-ce que tu **as fait** hier?
Bachir: J'**ai participé** à l'atelier hip-hop. C'**était** génial! Il y **avait** beaucoup de jeunes qui **savaient** déjà bien danser, mais pas moi! Le soir, on **était** morts, mais contents. A la fin, on **a fait** un spectacle. Tous nos amis **étaient** dans la salle. Et toi? Tu **as fait** l'atelier astronomie?
Lucie: Oui, on **a eu** un cours d'astronomie, puis, à 18 heures, nous **sommes sortis** dans le parc. Les étoiles **brillaient**, c'**était** très beau. Mais tout à coup, il y **a eu** un orage et nous **sommes rentrés** très vite. Et écoute bien: j'**ai perdu** une chaussure!

3

t	**u**	**r**	**i**	**s**		**i**	l	s	**r**	**i**	**e**	**n**	**t**
j'	**a**	i	**r**	**i**		v	**o**	**u**	s	**r**	**i**	**e**	**z**
o	**n**	**r**	**i**	a	**i**	**t**		**i**	l	**r**	**i**	**t**	
v	**o**	u	**s**	**r**	i	**i**	**e**	**z**		**r**	**i**	**s**	!

4

rire: il **rit**, elles **rient**, nous **riions**, ils **riaient**, j'**ai ri**
dire: nous **disons**, vous **dites**, je **disais**, vous **disiez**, elles **ont dit**
écrire: tu **écris**, nous **écrivons**, j'**écrivais**, elles **écrivaient**, tu **as écrit**

5

											7↓		
							5↓				c		
							c		6↓		r		
					4↓		r	8→	c	r	o	i	s
					c		o		r		i		
			1→	c	r	o	y	i	o	n	s		
					u		a		i				
							i		t				
		2→	c	r	o	y	e	z					
							n						
3→	c	r	o	i	e	n	t						

6

1. Je n'ai rien mangé depuis ce matin.
2. Nos profs ne veulent jamais nous comprendre.
3. Nous n'avons rencontré personne.
4. Il ne faut rien dire à maman.
5. Tu n'as acheté que deux bouteilles de coca?
6. Elle ne veut écouter personne.
7. Je n'ai rien acheté parce que je ne vais inviter personne.

7

1. offrir
2. chagrin
3. kiffer
4. chouette
5. zarbi
6. pêche
7. étoiles

Lösungswort: **ennuyeux**

8

32

Avant, je détestais aller en vacances chez mes grands-parents. Ils n'avaient pas d'ordinateur, ils n'avaient même pas la télé! Et puis, je ne connaissais personne dans leur village *(Dorf)*. Mais l'été dernier, j'ai rencontré Mario. Lui, il habite chez son oncle et sa tante toute l'année. Ses parents travaillent dans un cirque et sont tout le temps en voyage. Il est fantastique, Mario! Avec lui, j'ai appris à jongler et à marcher sur les mains. En plus, il est très beau et très sympa. Je crois que je suis amoureuse *(verliebt)* … C'est bientôt les vacances. Cette fois, j'ai très envie d'aller chez mes grands-parents!

1. Es gab dort keinen Computer; keinen Fernseher; sie kannte niemanden.
2. Er wohnt das ganze Jahr über bei seinem Onkel und seiner Tante, weil seine Eltern in einem Zirkus arbeiten.
3. Jonglieren und auf den Händen gehen.
4. Weil sie Mario fantastisch findet und in ihn verliebt ist.

9

33

Versuche jetzt, die Sätze nachzusprechen, ohne die Mitschrift zu lesen.

10

34

Au collège, on **a eu** une semaine **banalisée**. C'était **chouette**! Moi, **j'ai choisi** l'atelier **astronomie**. C'était **captivant**. Il faisait très beau, la **lune** et les **étoiles brillaient**. Mon **amie** Louise a **participé** à l'atelier photos, mais elle a trouvé ça **ennuyeux**. Il faut dire **qu'elle est** un peu zarbi, cette semaine. Je **crois** qu'elle a un **chagrin d'amour**.

11

Das Collège Maurice Ravel lädt alle Schüler, ihre Familien und ihre Freunde zu einem großen Fest ein.

Sommerfest im Collège Maurice Ravel
Samstag, 24. Juni | 14 Uhr bis 18 Uhr
Im Pausenhof (oder bei schlechtem Wetter in der Turnhalle)

14 Uhr *Karatevorführung*
Konzentration, Harmonie, Energie!
Bewundern Sie die Tigres Karatékas in einer Choreografie, die jedes Karatefilms würdig ist.

15 Uhr 30 *Zirkuskünste*
Jongleure, Akrobaten, Clowns … und sogar Tiere!
Boléro-Zirkus, die Truppe des Workshops „Zirkuskünste", entführt Sie in das magische Universum der Zirkusleute.

17 Uhr *Hip-Hop*
Freude, Rhythmus, einzigartige Tanzfiguren!
DJ Momo und die Moonlight Dancers präsentieren Ihnen eine Show voll Leben und Farben.

Den ganzen Nachmittag über
Workshop „Europäische Küche"
Tapas, Pizzas, Crêpes oder Maultaschen …
Machen Sie sich zu einer gastronomischen Reise durch Europa auf, ohne das Collège zu verlassen!
Foto-Ausstellung
Entdecken Sie die Ausstellung des Fotoworkshops:
„Das Stadtviertel, wie Sie es noch nie gesehen haben".

1. [illegible]
2. Jongleure, Akrobaten, C [illegible]
3. DJ Momo und die Moonlight Dancers. Sie bieten eine Hip-Hop-Show dar.
4. Tapas, Pizzas, Crêpes und Maultaschen.
5. Eine Foto-Ausstellung, die unerwartete Aufnahmen des Viertels präsentiert.